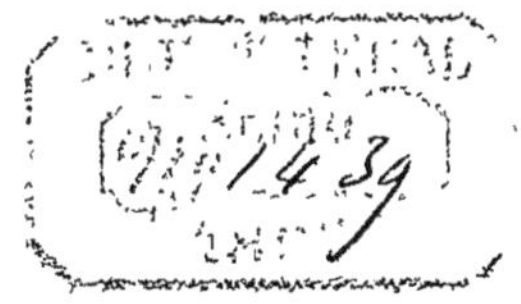

INSTRUCTION MINISTÉRIELLE

DU 26 JANVIER 1895

SUR LES

conditions dans lesquelles s'effectue, en temps de paix, le transport, sur les voies ferrées, du personnel relevant du département de la guerre, des animaux de l'armée, ainsi que des voitures, des bagages et du matériel des corps de troupe.

(Extrait du *Journal militaire*, 1ᵉʳ semestre 1895, nᵒ 4.)

Dispositions préliminaires.

En temps de paix, le transport sur les voies ferrées des militaires, des animaux de l'armée, des voitures, des bagages et du matériel des corps de troupe s'effectue dans les conditions spécifiées par l'arrêté pris, par le Ministre des travaux publics, le 2 juin 1894, pour l'exécution du cahier des charges des compagnies de chemins de fer (annexe nᵒ 2) et conformément aux prescriptions du décret du 18 novembre 1889, portant règlement sur les transports ordinaires.

La présente instruction a pour objet d'indiquer certaines dispositions à observer dans l'application des documents précités, de régler certains transports qui ont donné lieu à des conventions spéciales avec les compagnies de chemins de fer, et de déterminer les circonstances dans lesquelles les militaires peuvent obtenir, sur les fonds des convois, des indemnités pour le transport de leurs bagages.

Elle abroge :

Les circulaires manuscrites des 28 août 1879 (nᵒ 1895), 23 décembre 1882 (nᵒ 4400), 12 avril 1889, 8 septembre 1890 (nᵒ 3858), 18 novembre 1892 (nᵒ 4170) et 14 septembre 1894 (nᵒ 1671); les documents indiqués ci-après, insérés au *Journal militaire officiel* et au *Bulletin officiel* du ministère de la guerre : note pour l'application des tarifs militaires sur les chemins de fer, et arrêté du Ministre de l'agriculture, du commerce et des travaux publics, du 15 juin 1866, qui y fait suite; note du 31 décembre 1868, concernant l'admission des jeunes soldats, porteurs d'ordres d'appel

ou de route, au bénéfice des tarifs militaires sur les voies ferrées;
notes des 15 juin 1874 (n° 17), 5 août 1887 (n° 420), 17 octobre 1888
(n° 306); décision ministérielle et instruction du 12 février 1890
(n°ˢ 48 et 49); note du 4 mars 1890 (n° 90); circulaire du 14 octobre 1890 (n° 384); notes des 16 décembre 1890 (n° 452), 4 décembre 1891 (n° 386), 27 février 1892 (n° 75), 18 mars 1892 (n° 94),
21 mars 1892 (n° 95), 9 avril 1892 (n° 126), 14 avril 1892 (n° 137),
24 juillet 1892 (n° 232), 24 septembre 1892 (n° 267), 21 octobre
1892 (n° 288), 22 novembre 1892 (n° 307), 3 janvier 1893 (n° 2),
28 janvier 1893 (n° 15), 22 février 1893 (n° 45); circulaire du 27
mars 1893 (n° 87); note du 25 juin 1893 (n° 176); circulaire du
19 octobre 1893 (n° 278).

Application de l'arrêté du Ministre des travaux publics du 2 juin 1894.

Art. 2. Les déplacements auxquels les exigences du service
militaire peuvent astreindre le personnel du corps militaire des
douanes et celui du corps des chasseurs forestiers, visés à l'état B
annexé à l'arrêté, sont prescrits, suivant le cas, par l'autorité militaire ou par l'autorité administrative compétente.

Lorsque l'ordre émane de l'autorité militaire, le fonctionnaire
des douanes ou des forêts qui le reçoit en adresse au service de
l'intendance une copie certifiée et accompagnée d'un état nominatif indiquant le grade et la résidence des agents appelés à se
déplacer, ainsi que la localité qu'ils doivent rejoindre. Ce fonctionnaire procède de la même façon si l'ordre émane de l'autorité
administrative, mais après avoir fait préalablement viser cet
ordre par le général commandant la subdivision sur le territoire
de laquelle se trouve sa résidence.

C'est exclusivement sur la production de ces renseignements
écrits que les fonctionnaires de l'intendance sont autorisés à délivrer aux personnels dont il s'agit la feuille de route prévue à
l'article 2 de l'arrêté; cette feuille de route doit indiquer d'une
manière précise le motif du déplacement, ainsi que le point de
départ et le point de destination; elle ne doit pas s'appliquer aux
déplacements que les agents des douanes ou des forêts ont à effectuer en raison de leurs fonctions civiles.

Art. 4. La délivrance et le retrait des cartes d'identité sont
réglés par la note ci-jointe (Annexe n° 3, modèles n°ˢ 1 et 2).

Art. 12. Les voitures, caissons, prolonges et affûts, voyageant
avec la troupe, sont taxés comme matériel, aux conditions géné-
rales stipulées dans le cahier des charges des compagnies de chemins de fer. Cette taxation étant relativement élevée, comme,
d'une manière générale, aucune exigence de service n'oblige à
faire transporter les équipages en grande vitesse avec la troupe,
les ordres de mouvement délivrés par le commandement pour la
mise en route des corps ou détachements voyageant par voie

ferrée doivent prescrire le transport des voitures, caissons, prolonges et affûts en petite vitesse et dans les conditions du traité passé, le 15 juillet 1891, avec les compagnies de chemins de fer, pour les transports ordinaires du matériel de la guerre.

Il ne peut être dérogé à cette prescription qu'en cas de nécessité absolue, dont il est justifié par le commandement sur l'ordre de mouvement. Une copie de cet ordre est alors jointe au bon de chemin de fer, puis annexée au relevé kilométrique qui appuie le rapport de liquidation.

Cette recommandation s'applique au transport des voitures des cantinières, prévu à l'article 19 de l'arrêté.

Art. 16. Le transport des détenus ne doit s'effectuer en 2e classe que lorsque les deux compartiments de 3e classe fermés, réservés aux transports de cette nature, dans le même train et sur le même parcours, sont occupés. Par suite, le bon de chemin de fer ou la réquisition en tenant lieu doit toujours prescrire l'emploi de la 3e classe, sauf au commandant de l'escorte à inscrire une mention explicative au verso de cette pièce, si le transport a été effectué en 2e classe.

Le transport, par voies ferrées, des militaires envoyés sous escorte en Algérie (bataillons d'infanterie légère, compagnies de fusiliers de discipline, établissements pénitentiaires militaires) s'effectue en convois périodiques, circulant sur les grandes lignes et aboutissant, suivant le cas, à Marseille ou à Port-Vendres, conformément aux prescriptions de la circulaire du 25 juillet 1893 (Direction de la Cavalerie, Bureau de la Justice militaire).

Art. 17. Le poids des bagages (armement personnel des militaires, effets et objets à leur usage, outils et effets de rechange des maîtres ouvriers) que les corps ou détachements transportés par voie ferrée peuvent faire voyager gratuitement avec eux est limité au chiffre obtenu en multipliant par 30 le nombre de places d'officiers et d'hommes de troupe, occupées ou non, payées par l'administration. Le surplus doit être transporté en petite vitesse, dans les conditions du traité du 15 juillet 1891, conditions plus avantageuses pour l'Etat que le prix réduit fixé par le cahier des charges des compagnies. Il en est de même pour le matériel autre que les bagages, tel que le matériel des salles d'honneur, les bibliothèques, les approvisionnements, etc., que les corps sont autorisés à emporter lorsqu'ils font mouvement.

Art. 23. a) Le traité du 14 octobre 1890, relatif au transport des chevaux et mulets, à l'intérieur, fait l'objet de l'annexe n° 4 à la présente instruction ; il est également applicable sur le réseau des chemins de fer de l'Etat. Le traité du 24 décembre 1891, pour ce même transport en Algérie et en Tunisie, reproduit les clauses et conditions du traité du 14 octobre 1890.

b) D'après l'article 2 des traités précités, l'administration de la guerre a la faculté, sous la réserve édictée à l'article 3, de réduire le personnel de conduite des chevaux ou mulets de remonte de toutes armes à un seul homme pour deux, trois ou quatre chevaux transportés.

Pour l'application de cette disposition, le cadre de conduite des chevaux, considérés comme chevaux de remonte aux termes de l'article 1er des traités, doit être composé comme il suit :

1º Chevaux de réserve : 1 homme pour 3 chevaux ou fraction de 3 chevaux ;

2º Chevaux des autres catégories : 1 homme pour 4 chevaux ou fraction de 4 chevaux.

Il ne peut être fait exception à cette règle que pour les animaux d'une certaine valeur, tels que : les chevaux de carrière, de manège, de tête et pour les animaux impressionnables. Dans ce cas, les chefs de corps ou commandants d'établissements ont toute latitude pour fixer la composition du détachement.

Quand le trajet doit s'accomplir en totalité par la voie de terre, ou lorsque l'établissement de remonte est éloigné de la gare de plus de cinq kilomètres, la composition du détachement est majorée dans une certaine proportion ; mais, dans aucun cas, elle ne doit dépasser un homme pour deux chevaux.

c) Le transport des chevaux de l'armée ne peut être ordonné, par les voies ferrées, que lorsque le trajet, effectué par voie de terre, atteindrait au moins 60 kilomètres. Cette réserve s'applique à tous les transports de chevaux, quels qu'ils soient, lorsque la dépense est à la charge de l'Etat.

d) Les chevaux dont les officiers sont régulièrement pourvus, suivant leur grade ou leurs fonctions, y compris le cheval qu'ils peuvent être autorisés à posséder à titre supplémentaire, sont transportés au compte de l'Etat, lorsque le déplacement a lieu en vertu d'un ordre de service.

Cependant, dans l'intérêt du Trésor, il est fait exception :

1º Lorsque le déplacement de l'officier résulte d'une permutation de gré à gré, ou de motifs de convenance personnelle ;

2º Pour les officiers se rendant de France en Algérie ou en Tunisie, ou *vice versâ*, ou d'Algérie en Tunisie et réciproquement ;

3º Pour les officiers allant en mission, ou exécutant un ordre de service qui ne comporte pas la nécessité d'être monté ; cette nécessité étant, d'ailleurs, à défaut d'ordre du Ministre, déterminée par les commandants de corps d'armée, sous leur responsabilité ;

4º Enfin, pour les officiers généraux inspecteurs qui se font accompagner de chevaux pendant leur tournée d'inspection.

e) Les officiers qui se remontent à titre gratuit dans le corps de troupe ou l'établissement le plus voisin de leur résidence, parmi ceux désignés par les instructions ministérielles pour leur fournir une monture, ont droit au transport de cette monture, aux frais de l'Etat, du lieu de livraison à leur garnison.

Les chevaux achetés dans le commerce par les officiers subalternes et reçus par la commission de remonte la plus voisine de la résidence de ces officiers, sont également transportés, aux frais de l'Etat, du lieu de réception à destination.

f) Les officiers mis en non-activité, en réforme, titulaires d'un congé en attendant la liquidation d'une pension de retraite, ou admis à la retraite, peuvent faire transporter au tarif militaire, mais à leurs frais, de leur garnison au lieu où ils fixent leur résidence, les chevaux qu'ils possèdent à titre onéreux. S'ils sont dans l'obligation de présenter préalablement ces chevaux à une commission de remonte, les frais de transport (aller et retour) pour cette présentation, sont à la charge de l'Etat.

g) Les dispositions des paragraphes *d* et *f* sont applicables au transport des chevaux des militaires de la gendarmerie. Les che vaux livrés par les corps de troupe aux militaires de la gendarmerie et ceux que ces militaires se procurent dans le commerce sont transportés, au compte de l'Etat, jusqu'à la résidence des détenteurs, à partir du lieu de livraison, dans le premier cas, et à partir du chef-lieu de la compagnie où les chevaux ont été reçus, dans le second.

Le cavalier admis dans la gendarmerie, et autorisé à emmener un cheval du corps auquel il appartient, a également droit au transport de ce cheval jusqu'à la brigade à laquelle il est affecté.

h) Le transport du cheval que les officiers de l'armée territoriale peuvent être autorisés à emmener, lorsqu'ils sont convoqués, est réglé par l'instruction du 7 mai 1891, relative à l'administration des militaires de l'armée territoriale convoqués en temps de paix (art. 1er). La même règle est applicable aux officiers de réserve et aux anciens élèves de l'Ecole polytechnique, de l'Ecole forestière et de l'Ecole centrale des arts et manufactures, qui doivent accomplir leur dernière année de service dans un corps de troupe, en qualité de sous-lieutenants de réserve, en exécution de la loi du 11 novembre 1892.

Application du règlement du 18 novembre 1889 sur les transports ordinaires.

Art. 20. *a)* Les fonctionnaires de l'intendance, appelés à délivrer les bons de chemins de fer, doivent y inscrire très exactement toutes les indications que comportent ces pièces. Sur les bons destinés à assurer le transport des chevaux d'officiers voyageant isolément, ils doivent indiquer non seulement le corps, le grade ou la fonction du détenteur des animaux, mais aussi le motif de son déplacement.

De plus, pour permettre l'établissement de la statistique des convois par voies de fer, mention doit être faite, en gros caractères, en tête de chaque bon, de la catégorie du transport. A cet effet, les transports de personnel et d'animaux sont divisés en 10 catégories, désignées sous les rubriques suivantes :

1º Recrues rejoignant leurs corps d'affectation ;

2º Réservistes et disponibles de l'armée active rejoignant pour une période d'instruction, ou rentrant dans leurs foyers après avoir accompli une période d'instruction ;

3º Hommes de l'armée territoriale rejoignant pour une période d'instruction, ou rentrant dans leurs foyers après avoir accompli une période d'instruction ;

4º Corps et détachements allant aux manœuvres ou en revenant, ou faisant mouvement à l'occasion des manœuvres ;

5º Corps et détachements changeant de garnison ;

6º Transports nécessités par des événements politiques intérieurs : troupes déplacées pour le maintien de l'ordre, pour rendre les honneurs, etc.;

7º Prisonniers et leur escorte ;

8º Chevaux (et militaires les accompagnant) voyageant isolément pour quelque motif que ce soit (à l'exclusion des chevaux de remonte);

9º Chevaux de remonte et militaires les accompagnant ; détachements et isolés allant chercher des chevaux de remonte ;

10º Transports divers ne rentrant dans aucune des neufs catégories qui précèdent.

Lorsque le transport est prescrit pour le compte d'une administration autre que celle de la guerre, il n'est classé dans aucune des dix catégories susvisées. Mais l'administration à laquelle incombe définitivement la dépense est indiquée en gros caractères, à l'encre rouge, en tête du bon.

Les frais de transport des troupes déplacées pour le maintien de l'ordre incombent au budget de la guerre (Avis du Conseil d'Etat du 6 juillet 1893).

b) Lorsqu'un cheval est accompagné par un militaire qui, pour son propre déplacement, a reçu l'indemnité kilométrique de route, il convient de le mentionner sur le bon de chemin de fer, sinon les compagnies de chemins de fer taxent le cheval comme n'étant pas accompagné dans les conditions du traité du 14 octobre 1890).

c) Le bon de chemin de fer ne doit pas être modifié au moment du départ, lorsque l'effectif à transporter a varié depuis l'établissement de cette pièce. Dans ce cas, les mutations sont portées au tableau qui figure au dos du bon, avec celles qui peuvent survenir en cours de route.

d) En cas de perte du bon de chemin de fer, il ne doit pas en être délivré de duplicata, mais le fonctionnaire qui a signé le bon est autorisé à remettre à la compagnie de chemin de fer, sur sa demande, un extrait du talon établi à la main et certifié conforme. Mention est faite, sur la souche, de la délivrance de cet extrait, qui est admis en liquidation, en remplacement du bon adiré.

e) Dans les cas urgents, qui ne laissent pas les délais nécessaires pour l'établissement de bons de chemin de fer, les détachements de gendarmes, porteurs de leurs armes et déplacés pour le maintien de l'ordre public, sont autorisés à monter dans les trains, sans payer préalablement le prix de leurs places. On procède, en cette circonstance, conformément au dernier alinéa de l'article 20 du règlement. En cas de nécessité, et, notamment, lorsque le déplacement a pour but de répondre à une réquisition urgente des autorités civiles, l'ordre de mouvement, dont une copie doit être remise au chef de la gare de départ, est établi par l'officier ou le chef de brigade à qui la réquisition a été adressée.

f) On ne doit pas délivrer de bons de chemin de fer :

1° Aux militaires escortant des convois de poudre ou de munitions ;

2° Aux postes ni aux gradés de planton déplacés pour assurer la surveillance des militaires voyageant par chemins de fer, lors des grands mouvements d'isolés.

Le transport (aller et retour) des uns et des autres est effectué gratuitement par les compagnies de chemins de fer, conformément à l'article 53 du traité du 15 juillet 1891, dans le premier cas, et à l'article 27 du règlement du 18 novembre 1889, dans le second.

g) A l'occasion des grandes manœuvres, il peut être fait usage de « Fiches de transport », d'un modèle spécial, qui remplacent le bon de chemin de fer et la feuille de route du détachement. Ces fiches sont préparées par les soins de l'état-major de l'armée (4e bureau), qui les fait parvenir, en temps utile, aux intéressés ; elles sont admises en liquidation au même titre que les bons de chemin de fer.

Art. 23. Par exception aux dispositions de l'article 23 du règlement, les hommes de troupe quittant l'hôpital militaire d'Amélie-les-Bains, et dont la santé exige des précautions spéciales, peuvent être dirigés sur leur destination au moyen de bons de chemins de fer comportant le transport en 2e classe ; dans ce cas, ils ne reçoivent pas l'indemnité kilométrique de route. Les bons sont délivrés par le service de l'intendance sur des certificats du médecin chef de l'hôpital, établissant la nécessité de la mesure.

Par exception également, les hommes qui contractent, en France, un engagement pour les régiments étrangers, sont dirigés sur le port de la Méditerranée où ils doivent s'embarquer au moyen de bons de chemin de fer ; ces hommes ne touchent, en argent, que l'indemnité journalière destinée a assurer leur nourriture jusqu'au port d'embarquement. Si le parcours qu'ils ont à effectuer comporte la traversée de Paris (les dispositions de l'article 33 du règlement ne leur étant pas applicables, attendu qu'elles ne visent cette traversée que par les détachements), un ou plusieurs bons, suivant le cas, leur sont délivrés pour le parcours jusqu'à Paris, et un bon spécial leur est remis pour le parcours de Paris au port d'embarquement. La feuille de route de

cette catégorie d'engagés doit faire mention de la délivrance des
bons de chemin de fer, avec indication du nombre de ces bons et
de l'itinéraire sur lequel chacun d'eux est valable.

Art. 46. D'après l'article 46 du règlement, les sous-officiers et
la troupe voyagent dans les voitures de 3e classe, à moins qu'il
n'en soit disposé autrement par le bon de chemin de fer ; ils
peuvent même être embarqués dans des wagons à marchandises
aménagés à cet effet, si le nombre des voitures à voyageurs est
insuffisant. Cette disposition s'applique aux élèves non-officiers
des écoles militaires indiquées ci-après, lorsqu'ils se déplacent en
corps ou en détachement, avec leur équipement :

Ecole polytechnique ;
Ecole spéciale militaire ;
Ecole d'application de cavalerie ;
Ecole du service de santé militaire ;
Ecole militaire d'infanterie ;
Ecole militaire de l'artillerie et du génie.

Lorsque ces élèves voyagent isolément ou en détachement, sans
leur équipement, ils sont admis dans les voitures de 2e classe
(Arrêté du Ministre des travaux publics du 2 juin 1894. Etat A).

D'après le même article du règlement, les hommes de troupe
équipés n'occupent, dans les compartiments à voyageurs, que
huit places sur dix ; les places restantes sont destinées au rangement des effets ; elles sont payées aux compagnies. Pour obtenir
le nombre des places à réserver pour le rangement des effets, on
divise par 4 le nombre des hommes à embarquer. Le quotient est
le nombre des places à réserver ; si le reste de la division est 3,
on ajoute une unité.

Exemple : pour 163 hommes, le nombre des places à réserver
est de 163 : 4 = 40 3/4, soit, en chiffres ronds, 41 places.

On rappelle que l'équipement du soldat, au point de vue du
transport en chemins de fer, est défini aux appendices I, II et III
aux règlements sur les transports militaires.

Lorsque le transport de la troupe s'effectue par wagons à marchandises aménagés, l'administration de la guerre n'a pas à
payer de places supplémentaires pour le rangement de l'équipement. Pour faciliter la vérification des comptes des compagnies,
à cet égard, le chef de détachement doit indiquer, au-dessus de
sa signature, dans le certificat d'exécution du service qui figure
au dos du bon du chemin de fer (art. 57 du règlement), si le
transport a eu lieu par wagons à voyageurs ou par wagons à
marchandises. Dans le même but, il doit indiquer également si
les chevaux ont voyagé dans des wagons-écuries à stalles ou dans
des wagons à bestiaux et à marchandises, attendu que, suivant le
cas, les frais de désinfection des véhicules peuvent être plus ou
moins élevés.

Dispositions particulières.

I. — Officiers de réserve et de l'armée territoriale se déplaçant pour suivre les cours des écoles d'instruction, pour faire un stage volontaire ou pour prendre part ou assister à des manœuvres, exercices, etc.

Les officiers de réserve et de l'armée territoriale qui ont à se déplacer pour suivre les cours des écoles d'instruction créées en exécution du règlement du 23 mars 1894, ne payent que le tarif militaire sur les voies ferrées, en se conformant aux prescriptions de la circulaire du 27 juillet suivant (Etat-major de l'armée ; 4ᵉ bureau).

Les officiers de réserve et de l'armée territoriale autorisés, soit à faire un stage volontaire, sans solde, soit à prendre part ou à assister aux manœuvres, exercices ou travaux exécutés par des corps de troupe ou services stationnés hors de leur résidence, peuvent également obtenir une réduction de tarif sur les voies ferrées. A cet effet, pour chaque stage ou chaque réunion, le chef de corps ou de service adresse aux compagnies de chemins de fer un état indiquant le nom des officiers, les parcours qu'ils auront à effectuer et les dates exactes d'aller et de retour. Les compagnies font parvenir des bons de réduction nominatifs au chef de corps ou de service, qui les transmet aux intéressés.

Le chef de corps ou de service est personnellement responsable, vis-à-vis du Ministre, des abus qui se produiraient dans les demandes de bons de réduction.

II. — Militaires de la disponibilité, de la réserve et de l'armée territoriale, se rendant à des réunions de tir.

Le transport, à prix réduit, sur les voies ferrées, des militaires de tous grades, de la disponibilité ou de la réserve de l'armée active, de l'armée territoriale ou de sa réserve se rendant à des réunions de tir, est réglé par l'instruction du 29 avril 1892, sur l'organisation et le fonctionnement des sociétés de tir et de gymnastique (art. 4).

III. — Anciens militaires titulaires de la gratification de réforme renouvelable, appelés à se présenter devant une commission de réforme.

Les anciens militaires titulaires de la gratification de réforme renouvelable, lorsqu'ils doivent se présenter devant une commission de réforme, sont convoqués au moyen de l'ordre (modèle nᵒ 3, nᵒ 126 de la nomenclature) annexé à la présente instruction. Sur l'exhibition de cette pièce, ils payent, au départ, demi-place sur le réseau de l'Etat, et place entière sur les autres réseaux ; mais leur ordre de convocation leur tient lieu de billet de retour lorsqu'il a été revêtu d'un certificat du président de la commission de réforme, attestant que le porteur s'est présenté devant la commission.

L'ordre de convocation est valable pour l'aller, la veille et le jour de la séance de la commission, et, pour le retour, jusqu'au lendemain de cette séance inclusivement.

IV. — Anciens militaires autorisés à faire usage des eaux minérales aux frais de l'Etat.

Les anciens militaires autorisés à faire usage des eaux minérales aux frais de l'Etat, par application de la loi du 12 juillet 1873, sont dirigés, par voie ferrée, sur les stations d'eaux, à l'aide d'un bon spécial de chemin de fer, et obtiennent le même moyen de transport pour le retour dans leurs foyers.

Le bon spécial de chemin de fer (modèle n° 4, n° 127 A de la nomenclature) peut être scindé, même sur un seul réseau, à la demande des intéressés, lorsque l'état de leur santé ne leur permet pas d'accomplir un long trajet d'une seule traite, sous la réserve que les arrêts intermédiaires soient limités, au maximum, à vingt-quatre heures.

De plus, en vertu d'un accord intervenu avec les compagnies de chemins de fer, les anciens officiers qui, à moins d'ordres contraires du Ministre, n'ont droit qu'à des bons de chemin de fer comportant des places de 2ᵉ classe, peuvent prendre la 1ʳᵉ classe, moyennant le versement préalable d'un supplément représentant la différence entre le prix des deux classes, calculé au demi-tarif.

Pour les parcours ou fins de parcours par voie de terre, se reporter au règlement sur le service des convois militaires à l'intérieur, du 27 février 1894, article 10.

V. — Militaires malades ou blessés transportés dans des wagons à marchandises spécialement aménagés.

En vertu d'une convention passée, le 17 juin 1892, avec les six grandes compagnies de chemins de fer et l'administration des chemins de fer de l'Etat, le transport, en temps de paix, des malades ou blessés militaires dans des wagons à marchandises aménagés au moyen d'appareils de suspension, est effectué aux conditions suivantes :

1° Allocation d'une taxe de 0 fr. 50 par wagon aménagé et par kilomètre parcouru ;

2° Payement d'une indemnité de 3 francs par jour et par wagon pendant la période d'aménagement et d'immobilisation du matériel, étant stipulé que la taxe kilométrique et l'indemnité de location ne se cumulent pas, c'est-à-dire que l'indemnité de 3 francs n'est pas due pour les journées pendant lesquelles les wagons ont été utilisés pour le transport ;

3° Payement d'une indemnité pour le bouchage des trous de boulons, dont le percement est nécessité par l'installation des appareils Bry (soit 2 francs par wagon pour les appareils Bry ancien modèle et 4 francs par wagon pour les appareils Bry à deux étages) ;

4° Indépendamment des indemnités et allocations ci-dessus, les détériorations accidentelles, constatées par procès-verbal, sont imputées à part et remboursées aux compagnies sur factures spéciales.

Pour l'application de ces dispositions, il convient de se conformer aux prescriptions ci-après :.

1° Les transports par wagons aménagés sont effectués à l'aide de bons de chemins de fer, comme les autres transports de troupes ;

2° Lorsque l'administration militaire a un transport à effectuer, elle adresse à la gare intéressée une demande de matériel. Cette demande indique la date à partir de laquelle les wagons doivent être mis à la disposition de l'autorité militaire, pour être aménagés par ses soins.

L'indemnité de 3 francs par jour est payée à partir de cette date. Comme l'armement d'un train, y compris le chargement et l'installation complète des malades, n'exige que quelques heures, il suffit, généralement, d'immobiliser les wagons dans la matinée, si le départ doit avoir lieu l'après-midi, ou la veille, si le départ doit avoir lieu le lendemain dans la matinée ;

3° La durée de la période d'aménagement et d'immobilisation est constatée, à son expiration, par une mention spéciale portée sur la demande de matériel, mention signée contradictoirement par un représentant de l'autorité militaire et par le chef de gare ;

4° Pour établir la base de l'indemnité due pour le bouchage des trous de boulons, mention est faite, sur la demande de matériel, du nombre des wagons et des trous ; la mention est signée contradictoirement, comme il vient d'être dit ;

5° Les pièces à produire en liquidation sont : le bon de chemin de fer et la demande de matériel.

VI. — Bagages des officiers de troupes.

L'indemnité fixe n° 2 ainsi que l'indemnité kilométrique de bagages, attribuées, par la décision présidentielle du 27 décembre 1890, aux officiers changeant isolément de garnison ou de résidence, sont également allouées aux officiers changeant définitivement de garnison avec leur troupe.

Toutefois, pour ces derniers, la dépense est imputée au service des convois militaires. Les corps en font l'avance sur les fonds généraux de leur caisse et en demandent le remboursement au service de l'intendance au moyen d'un relevé (modèle n° 1, annexé au décret du 14 janvier 1889) appuyé d'un état décompté, émargé par les parties prenantes.

En cas de mobilisation, les officiers pourraient, jusqu'à concurrence du poids de 200 kilogrammes pour chacun d'eux, faire transporter leurs effets d'habillement et de harnachement, du lieu de leur garnison sur le dépôt de leur corps. Les frais de transport seraient remboursés ultérieurement à l'État par les intéressés, au prix du barème 2 du traité du 15 juillet 1891, quels que soient les prix payés par l'Etat aux compagnies.

Le surplus de bagages ou les objets mobiliers que les officiers auraient à faire expédier sur le dépôt de leur corps ou sur d'autres points ne seraient enlevés qu'après l'achèvement des transports de concentration, et dans les conditions normales du temps de paix.

VII. — Allocation d'indemnités de déplacement à certaines catégories de sous-officiers.

Les sous-officiers rengagés et mariés qui, dans l'intérêt du service, ont été astreints à changer plusieurs fois de résidence dans un délai très rapproché, peuvent être indemnisés de leurs frais de déplacement.

A cet effet, ils doivent adresser au Ministre, par la voie hiérarchique, une demande énonçant :

1º Les motifs de leur changement de résidence, ainsi que l'époque et les motifs de leurs déplacements antérieurs;

2º Leurs charges de famille ;

3º D'une manière détaillée, la dépense que leur changement de résidence doit occasionner, défalcation faite des frais couverts par les allocations réglementaires.

Les autorités militaires appelées à transmettre la demande (chefs de corps ou de service, gouverneur militaire ou général commandant le corps d'armée) doivent formuler des propositions relativement à la quotité de l'indemnité à accorder.

Lorsque le Ministre a notifié sa décision, le montant de l'indemnité est mandaté directement, au nom de l'ayant droit, par les soins du service de l'intendance, sur les fonds du service des convois.

VIII. — Réduction de tarif pour les familles des militaires déplacés pour le service.

A la suite de pourparlers engagés par l'administration de la guerre, dans le but d'obtenir une réduction de tarif sur les voies ferrées, en faveur des familles de militaires déplacés pour le service, les six grandes compagnies de chemins de fer et l'administration du réseau de l'Etat ont fait connaître qu'elles étaient disposées à accueillir favorablement les demandes qui leur seraient adressées, à cet effet, par les intéressés, sous la réserve que les concessions de cette nature conserveraient le caractère de mesures individuelles, justifiées, dans chaque cas, par des considérations particulières et personnelles.

Les militaires déplacés pour le service (à l'exclusion de ceux voyageant pour tout autre motif) qui désirent obtenir une réduction de tarif, pour le transport des membres de leur famille, doivent, dès qu'ils connaissent leur mutation, se mettre en instance dans les conditions indiquées ci-après :

Une demande distincte est indispensable pour chacun des réseaux sur lesquels le voyage doit s'effectuer.

Chaque demande est établie conformément au modèle n° 5 ci-annexé.

Les demandes sont visées et transmises, d'urgence et directement, au Ministre de la guerre, par le chef hiérarchique local du signataire. (C'est ainsi que les demandes d'un militaire faisant partie d'une brigade de gendarmerie doivent être transmises, directement, au Ministre, par le commandant de la brigade, quel que soit son grade.) Cette transmission s'opère au moyen d'un bordereau d'envoi énonçant le nom et le grade du militaire qui a fait les demandes, le nombre de celles-ci et leur date.

Les bons délivrés par les compagnies de chemins de fer sont adressés, directement, par le Ministre, au chef hiérarchique local du destinataire, à qui ils doivent être remis sans aucun délai.

La réduction de tarif ne peut être demandée que pour rejoindre directement la nouvelle résidence assignée au chef de famille, celui-ci ayant, d'ailleurs, le choix de l'itinéraire, quand le trajet en comporte plusieurs.

Les dispositions qui précèdent sont applicables en Algérie ; toutefois, pour les déplacements à effectuer dans l'étendue du 19° corps d'armée exclusivement, les demandes sont adressées au général commandant ce corps d'armée, qui les transmet aux directeurs locaux des lignes algériennes, et fait parvenir les bons aux intéressés.

En principe, les compagnies de chemins de fer ne remboursent jamais la valeur des bons de réduction qu'elles ont accordés, et dont les titulaires, pour un motif quelconque, n'ont pu faire usage.

Le Ministre de la guerre,

Signé : A. MERCIER.

ANNEXE N° 1.

Tarif des prix à payer aux compagnies de chemins de fer d'intérêt général

pour le transport des militaires, des animaux de l'armée, ainsi que des voitures, des bagages et du matériel voyageant avec la troupe.

(Pour les lignes d'intérêt local, départementales, régionales, économiques, etc., le tarif militaire varie suivant les conditions d'application des tarifs généraux de ces lignes.)

Tarif kilométrique.

Militaires..........................	1re classe....................	0 028 (A)
	2e classe....................	0 021 (A)
	3e classe....................	0 0154 (A)
Anciens militaires autorisés à faire usage des eaux minérales aux frais de l'Etat (loi du 12 juillet 1873)............	1re classe....................	0 056 (B)
	2e classe....................	0 0378 (B)
	3e classe....................	0 02464 (B)
Compartiment spécial pour détenus......	2e classe................	0 224 (C)
	3e classe................	0 154 (C)
Wagons à marchandises aménagés pour le transport des militaires malades ou blessés......		(D)
Chevaux et mulets....................	accompagnés dans les conditions du traité du 14 octobre 1890..........	0 05 (A)
	non accompagnés dans les conditions précitées.....	0 16 (E)
Chiens................................		0 0168 (F)
Voitures.............................	à 2 roues..................	0 40 (E)
	à 4 roues.......	0 50 (E)
Bagages. — Armement personnel des militaires, effets et objets à leur usage; outils et effets de rechange des maîtres-ouvriers (en excédent des 30 kilogrammes par place taxée, transportés gratuitement)....................	jusqu'à 40 kilogrammes...	0 125 (G)
	au-dessus de 40 kilogr.....	0 10 (H)
Matériel, autre que les bagages, transporté avec la troupe (y compris la poudre et les munitions)....................	jusqu'à 40 kilogrammes...	0 35 (I)
	au-dessus de 40 kilogr....	0 32 (J)
Train spécial..		5 » (K)

Frais accessoires.

Manutention........... ..	Chevaux	1 » (L)
	Voitures à 2 ou à 4 roues.............	2 » (M)
	Bagages (au-dessus de 40 kilogrammes)..	1 50 (N)
	Matériel autre que les bagages..........	
Désinfection........... .	Par tête de cheval...................	0 40 (O)
	Pour un wagon de chevaux.............	2 » (O)
Enregistrement...........	Pour chaque expédition de chevaux, de chiens, de voitures, de bagages ou de matériel...........................	0 10 (O)

(A) Quart du tarif du cahier des charges des compagnies. — (B) Moitié du tarif homologué. — (C) Arrêté du Ministre des travaux publics du 2 juin 1894 (article 16). — (D) Conditions spéciales indiquées à l'article V de l'instruction (dispositions particulières). — (E) Tarif homologué. — (F) Tarif homologué, sans que la perception puisse être inférieure à 0 fr. 30. — (G) Par tonne, quart du tarif homologué, sans que la perception puisse être inférieure à 0 fr. 10. — (H) Par tonne, quart du tarif du cahier des charges des compagnies. — (I) Par tonne, jusqu'à 200 kilom. — (J) Par tonne, jusqu'à 100 kilom. (au delà, voir le tarif homologué, Marchandises). — (K) Article 14 de l'arrêté du Ministre des travaux publics du 2 juin 1894. — (L) Par tête et par réseau. — (M) Par pièce et par réseau. — (N) Par tonne. — (O) Prix dû une seule fois, quel que soit le nombre des réseaux.

ANNEXE Nº 2.

Arrêté du Ministre des travaux publics du 2 juin 1894.

Le Ministre des travaux publics,

Sur le rapport du Directeur des chemins de fer;

Vu les cahiers des charges qui régissent les concessions de chemins de fer ;

Vu l'arrêté ministériel du 15 juin 1866 sur les transports à prix réduits de la guerre et de la marine;

Vu l'arrêté ministériel du 31 décembre 1868 ;

Vu l'arrêté ministériel du 14 septembre 1888, auquel sont annexés les tableaux A, A', B, C et C', dressés en vue de l'application du tarif réduit sur les voies ferrées ;

Vu la loi du 24 juillet 1873, sur l'organisation générale de l'armée;

Vu les lois des 13 mars, 15 décembre 1875, 8 juillet 1881, 25 juillet 1887, relatives à la constitution des cadres et effectifs de l'armée active et de l'armée territoriale;

Vu la loi du 4 juin 1858 (Code de justice maritime);

Vu la loi du 15 juillet 1889 sur le recrutement de l'armée;

Vu la loi du 20 mars 1894 portant création d'un ministère des colonies;

D'accord avec les Ministres de la guerre, de la marine et des colonies;

Les compagnies de chemins de fer entendues,

ARRÊTE :

TITRE PREMIER.

MILITAIRES OU MARINS VOYAGEANT ISOLÉMENT.

Art. 1ᵉʳ. Sera transporté au prix réduit fixé par les cahiers des charges le personnel qui figure aux états A, B, C et D annexés au présent arrêté.

Art. 2. Tout militaire ou marin, pour obtenir son transport audit tarif sur les chemins de fer, doit présenter une feuille de route. Cette feuille de route peut servir pour un voyage (aller et retour).

Lorsque la feuille de route a déjà servi pour un premier voyage (aller et retour), chaque visa délivré ultérieurement par l'autorité compétente (fonctionnaires de l'administration centrale dûment autorisés, de l'intendance ou du commissariat de la marine, chefs de corps ou de détachement, commandants de place, commandants de dépôts de recrutement et de réserve, sous-préfets, maires), en exécution d'un ordre ou d'une permission de l'autorité militaire, constitue une feuille de route nouvelle donnant droit à un nouveau voyage (également aller et retour).

La feuille de route ainsi que les visas successifs indiquent la direction que le titulaire doit prendre.

Art. 3. La feuille de route peut être suppléée par les sauf-conduits, congés, permissions, ordres de service, ordres d'appel sous les drapeaux ou ordres de route délivrés par l'autorité compétente désignée à l'article 2, et ce qui est applicable à la feuille de route est également applicable à ces différents titres.

Art. 4. Des cartes d'identité destinées à remplacer la feuille de route ou les titres qui la suppléent peuvent être délivrées par les compagnies de chemins de fer, pour les services de la guerre, de la marine et des colonies, aux officiers ainsi qu'aux fonctionnaires et employés militaires ou de la marine traités comme officiers, qui figurent aux états A, C et D annexés au présent arrêté, à l'exception des officiers supérieurs ou subalternes, fonctionnaires et employés militaires ou de la marine traités comme officiers en non-activité, et de ceux appartenant à la réserve.

Art. 5. Par exception aux dispositions des articles 2 et 3, les sous-officiers et commandants de brigade de gendarmerie, voulant voyager sur les chemins de fer pour affaire de service, seront admis au bénéfice de la réduction consentie par le cahier des charges sur leur déclaration écrite qu'ils voyagent pour cause de service.

Les gendarmes seront transportés au tarif réduit en présentant un des titres mentionnés aux articles 2 et 3.

Art. 6. La feuille de route ou le titre qui la supplée sont considérés comme nuls lorsqu'ils sont périmés, et ne donnent pas droit, dans ce cas, à la réduction de tarif.

Art. 7. Les compagnies sont autorisées à demander, en route, aux porteurs de billets militaires, l'exhibition de leur feuille de route, du titre qui la supplée ou de leur carte d'identité, lorsqu'ils ne sont pas en uniforme.

Il est interdit aux compagnies d'exiger, en route, cette exhibition, lorsque les porteurs de billets militaires sont en uniforme.

Art. 8. Les sous-officiers des armées de terre et de mer, les officiers-mariniers, soldats et agents de même rang en uniforme ne seront admis à voyager à prix réduit que dans les voitures de 2e et 3e classe. Ils ne peuvent voyager en 1re classe que dans les trains comprenant uniquement des voitures de cette classe ; mais ils doivent, dans ce cas, être pourvus d'une autorisation spéciale donnée par le chef de corps ou de détachement et inscrite par lui sur la feuille de route ou le titre qui la supplée. L'autorité compétente reste d'ailleurs seule juge des raisons qui justifient l'exception, et n'est pas tenue de les développer.

Seuls les officiers et assimilés seront admis à voyager dans les voitures de 1re classe.

Art. 9. Sauf l'exception prévue au paragraphe 1er de l'article 8, les compagnies sont tenues de refuser des billets de 1re classe aux sous-officiers, officiers-mariniers, soldats et agents de même rang en uniforme, quand bien même ceux-ci les réclameraient sous leur responsabilité personnelle ou offriraient de payer place entière; mais elles doivent satisfaire aux demandes de billets de 1re classe à prix réduit qui leur seraient adressées par des sous-officiers, officiers-mariniers, soldats et agents de même rang en habit bourgeois.

Art. 10. Les officiers et assimilés, soit en uniforme, soit en habit bourgeois, peuvent occuper, si bon leur semble, des places autres que celles de 1re classe.

TITRE II.

MILITAIRES OU MARINS VOYAGEANT EN CORPS.

Art. 11. Sera transporté, en corps, au prix réduit fixé par les cahiers des charges, le personnel inscrit sur les états mentionnés à l'article 1er.

Art. 12. Les voitures, caissons et prolonges de l'armée, de même que les canons et affûts voyageant avec l'armée, sont taxés comme matériel aux conditions genérales stipulées dans le cahier des charges.

Art. 13. Les voitures, les caissons et les prolonges sont taxés comme vides et par pièce, à moins qu'ils ne soient démontés, auquel cas ils sont taxés au poids.

Les canons et leurs affûts sont taxés au poids dans tous les cas.

Sont également taxés au poids les approvisionnements, ainsi que le matériel et le chargement des voitures à la suite des corps.

Art. 14. Le transport des militaires ou marins voyageant en corps, de leurs chevaux et de leurs bagages, est taxé au tarif réduit fixé par le cahier des charges, toutes les fois qu'il s'effectue dans les conditions ordinaires et sans que le Gouvernement requière la suspension de tout ou partie du service de la compagnie chargée d'opérer ce transport.

Néanmoins, lorsqu'un train spécial est requis pour un envoi de troupes, il est accordé à la compagnie un minimum de 5 francs (impôt compris) par kilomètre parcouru, si l'ensemble des taxes à percevoir pour le transport du personnel et du matériel est insuffisant pour faire ressortir une taxe kilométrique égale à ce chiffre.

Le minimum de 5 francs par kilomètre s'applique également au train spécial qui serait requis pour un envoi de chevaux accom-

3

pagnés de leurs cavaliers, ou des cavaliers ou ordonnances chargés de les conduire, s'il s'agit de chevaux de remonte ou de chevaux appartenant à des officiers, et ce minimum s'établit sur le prix de transport cumulé des hommes, des chevaux et des excédents de bagages.

Art. 15. Ne sont pas compris dans l'exécution du présent arrêté les cas où il y aurait lieu de faire application de l'article 54, paragraphe 2, du cahier des charges ou des lois relatives aux réquisitions militaires.

Art. 16. Dans le cas où les départements de la guerre et de la marine feraient construire des voitures cellulaires pour le transfèrement de leurs détenus, les employés et gardiens, soit militaires, soit marins, ainsi que les détenus placés dans ces voitures, seront transportés au tarif réduit fixé par les cahiers des charges.

Le transport des voitures cellulaires sera gratuit.

Provisoirement, les administrations de la guerre et de la marine feront transférer leurs détenus dans un compartiment spécial de 2e ou de 3e classe à deux banquettes.

Toutefois, dans le même train et sur un même parcours, il ne sera pas réservé plus de deux compartiments de 3e classe fermés pour les détenus et leurs gardiens.

Si l'embarquement doit avoir lieu dans une gare de formation de trains de voyageurs, avis du transport devra être donné à cette gare vingt-quatre heures à l'avance; lorsque l'embarquement aura lieu dans toute autre gare, ce délai sera porté à quarante-huit heures.

Chaque compartiment, quel que soit le nombre des places occupées par les détenus et leurs gardiens, sera payé :

A l'intérieur :

Au prix de 0 fr. 20 par kilomètre en 2e classe, plus l'impôt dû au Trésor (1) ;

Au prix de dix places au tarif réduit fixé par le cahier des charges, soit 0 fr. 1375 par kilomètre en 3e classe, plus l'impôt dû au Trésor (2).

En Algérie et en Tunisie :

Aux prix fixés par les cahiers des charges respectifs des compagnies algériennes.

TITRE III.

DISPOSITIONS COMMUNES AUX MILITAIRES OU MARINS VOYAGEANT ISOLÉMENT ET AUX MILITAIRES OU MARINS VOYAGEANT EN CORPS.

Art. 17. Les militaires ou marins voyageant isolément et porteurs d'un titre régulier, aussi bien que les militaires ou marins

---

(1) Soit, avec l'impôt actuel, 0 fr. 224 par compartiment.
(2) Soit, avec l'impôt actuel, 0 fr. 154 par compartiment.

voyageant en corps, ont droit au transport gratuit de 30 kilogrammes de bagages par homme. L'excédent est taxé au prix réduit fixé par le cahier des charges.

La réduction de taxe accordée aux militaires et marins pour bagages est applicable à leur armement personnel, aux effets et objets à leur usage; elle s'applique également aux outils et effets de rechange des maîtres ouvriers.

Art. 18. Tout militaire ou marin qui demanderait à occuper une place dite de luxe payera le tarif réduit de la 1re classe et, de plus, le supplément intégral exigé pour ces sortes de places.

Art. 19. Les chevaux des cantinières commissionnées voyageant, soit isolément, soit en corps, sont taxés au tarif réduit du cahier des charges.

Les voitures des cantinières sont soumises aux mêmes conditions de tarif que celles de l'armée. Toutefois, le chargement placé sur ces voitures est taxé au tarif réduit comme bagages, sans préjudice de la gratuité acquise jusqu'à 30 kilogrammes par voyageur.

Les transports désignés au présent article ne profiteront de la réduction du tarif qu'autant qu'ils seront effectués en grande vitesse.

Art. 20. Les voitures particulières appartenant à des militaires ou marins sont taxées au prix du tarif ordinaire.

Art. 21. Dans toute voiture transportée sur les chemins de fer, lorsque les voyageurs excédant le nombre admis gratuitement sont militaires ou marins, ceux-ci conservent le bénéfice de leur qualité et jouissent du tarif réduit appliqué aux places de 2e classe.

Art. 22. Les officiers et employés de tous grades des armées de terre et de mer peuvent faire transporter à prix réduit le nombre de chevaux qui leur est attribué, soit sur le pied de paix, soit sur le pied de guerre, par les états E, F, G, H, annexés au présent arrêté.

Art. 23. Les chevaux des militaires (officiers et troupe) ne sont transportés à prix réduit qu'autant qu'ils sont accompagnés dans les conditions suivantes :

1o Chevaux de remonte : un seul homme pour deux, trois ou quatre chevaux;

2o Chevaux d'officiers : une ordonnance ou l'officier lui-même pour le nombre de chevaux qui lui est attribué;

3o Chevaux de selle immatriculés de toutes armes : un homme par cheval;

4o Chevaux ou mulets de traits immatriculés de toutes armes (attelés à une voiture à 4 roues) : un conducteur militaire pour deux chevaux ;

5o Chevaux ou mulets de trait immatriculés de toutes armes

(attelés à une voiture à 2 roues) : un homme par cheval ;

6° Chevaux ou mulets de trait loués ou réquisitionnés en temps de manœuvres : accompagnés dans les mêmes conditions que les chevaux immatriculés.

Les transports de chevaux ou mulets énumérés au présent article seront effectués :

A l'intérieur :

Dans les conditions stipulées au traité intervenu, le 14 octobre 1890, entre le Ministre de la guerre et les chemins de fer de l'Etat, de l'Est, du Midi, du Nord, d'Orléans, de l'Ouest et de Paris-Lyon-Méditerranée.

En Algérie et en Tunisie :

Dans les conditions stipulées au traité intervenu le 24 décembre 1891, entre le Ministre de la guerre et les compagnies algériennes.

Ces chevaux ou mulets, ainsi que ceux dont il est question aux articles 14, 19 et 22 ci-dessus, seront transportés à grande vitesse dans les délais fixés par l'arrêté ministériel du 12 juin 1866 et par les arrêtés ultérieurs qui l'ont modifié.

Art. 24. Les frais accessoires d'enregistrement, de chargement et de déchargement, de magasinage, etc., sont perçus, pour les transports de la guerre et de la marine, conformément aux *tarifs ordinaires* et sans réduction, lors même que, sans avoir été requis, les militaires ou marins effectueront le chargement et le déchargement.

Art. 25. Pour les transports de la guerre et de la marine, le minimum de la perception est fixé à 10 centimes.

Art. 26. Les dispositions applicables aux voyageurs ordinaires sont également applicables aux militaires ou marins en tout ce qui n'est pas contraire aux prescriptions du présent arrêté.

Art. 27. Toutes décisions antérieures concernant les transports à prix réduit de la guerre et de la marine sont rapportées.

Art. 28. Le présent arrêté sera notifié aux compagnies de chemins de fer.

Les préfets, les fonctionnaires et agents du contrôle sont chargés d'en surveiller l'exécution.

Paris, le 2 juin 1894.

Signé : Louis Barthou.

ÉTAT A.

PERSONNEL ressortissant au département de la guerre qui doit être admis, en tout temps, *au bénéfice de la réduction de prix stipulée par les cahiers des charges de chemins de fer.*

MAISON MILITAIRE DE M. LE PRÉSIDENT DE LA RÉPUBLIQUE,
LE MINISTRE DE LA GUERRE ET SON ÉTAT-MAJOR.

OFFICIERS GÉNÉRAUX, OFFICIERS SUPÉRIEURS ET ASSIMILÉS.	OFFICIERS, DEPUIS LE GRADE DE CAPITAINE et employés militaires assimilés.	ADJUDANTS, SOUS-OFFICIERS, CAPORAUX, SOLDATS et agents assimilés.
Maréchal de France.	Capitaine.	Adjudant et sous-chef de musique.
Général de division.	Lieutenant.	Sous-officier.
Général de brigade.	Sous-lieutenant.	Gendarme.
	Chef de musique.	Maître ouvrier de corps de troupe.
Colonel.		Caporal et brigadier.
Lieutenant-colonel.		Soldat, tambour, clairon et trompette.
		Enfant de troupe.
Chef de bataillon, d'escadron ou major.		Cavalier de manège.
Fonctionnaires du corps du contrôle.		
Intendant général.		
Intendant militaire.		
Sous-intendant militaire.	Adjoint à l'intendance.	Cantinière, vivandière et blanchisseuse commissionnées.
Poudres et salpêtres. { Inspecteur général. Ingénieur en chef. Ingénieur de 1re cl.	Poudres et salpêtres. { Ingénieur de 2e cl. Sous-ingénieur. Elève-ingénieur.	
		Commis greffier, agent principal; sergent huissier-appariteur et sous-officier de surveillance attachés aux parquets, prisons, pénitenciers et ateliers de condamnés, fusiliers et pionniers de discipline.
Médecin inspecteur général.	Médecin et pharmacien-major de 2e classe.	
Médecin et pharmacien inspecteur.	Médecin et pharmacien aide-major.	Elèves de l'Ecole d'administration militaire de Vincennes.
Médecin et pharmacien principal.	Médecin et pharmacien stagiaire, aide-major de 2e classe, à l'Ecole d'application du Val-de-Grâce.	
Médecin et pharmacien-major de 1re classe.		
Vétérinaire principal.	Vétérinaire.	
	Aide-vétérinaire.	
Archiviste principal de 1re classe des bureaux de l'état-major.	Archiviste principal de 2e classe.	
	Archiviste des bureaux de l'état-major.	
	Aumôniers militaires titulaires.	

OFFICIERS GÉNÉRAUX, OFFICIERS SUPÉRIEURS ET ASSIMILÉS.	OFFICIERS, DEPUIS LE GRADE DE CAPITAINE et employés militaires assimilés.	ADJUDANTS, SOUS-OFFICIERS, CAPORAUX, SOLDATS et agents assimilés.
Officier principal d'administration.	Officier d'administration. Officier d'administration adjoint des hôpitaux militaires, de l'habillement et du campement, des bureaux de l'intendance militaire, des subsistances militaires et de la justice militaire. Adjoint principal et adjoint du génie. Garde principal et garde d'artillerie.	Employés militaires de l'artillerie et du génie faisant partie des cadres de l'armée. } Ouvriers d'état, sous-officier stagiaire du génie, casernier, portier - consigne, éclusier militaire, chef armurier, artificier. gardien de batterie.
Interprète principal.	Contrôleur d'armes. — Interprète titulaire ou auxiliaire.	
Officiers généraux ou supérieurs et assimilés en non-activité ou en disponibilité.	Officiers et assimilés en non-activité ou en disponibilité.	Militaires de l'armée active en congé, lorsqu'ils se rendent dans leurs foyers, lorsqu'ils sont rappelés ou qu'ils voyagent en vertu d'un ordre de service.
Bach-agha et agha exerçant un commandement en territoire militaire.	Caïd et cheik exerçant un commandement en territoire militaire.	Cavaliers et fantassins indigènes des Maghzens soldés d'une manière permanente, en territoire militaire.
	Elèves des écoles (1) { polytechnique. spéciale militaire. du service de santé militaire. d'infanterie de Saint-Maixent. de cavalerie de Saumur. d'artillerie et du génie de Versailles.	

Nota. — *Les officiers et militaires en retraite ne sont pas admis au bénéfice du tarif militaire, sauf les exceptions ci-après :*

Commandants de bureau de recrutement.	Officiers employés dans le service de la justice militaire ou celui du recrutement.	
Commissaire du Gouvernement ou rapporteur près les conseils de guerre ou de revision.		
Officiers généraux ou assimilés du cadre de réserve.	Capitaine-major et officiers adjoints du service de l'armée territoriale.	
Officiers géneraux ou supérieurs de l'Hôtel des Invalides.	Officiers de l'Hôtel des Invalides.	Militaires de l'Hôtel des Invalides.

(1) Ajouter les élèves militaires des écoles vétérinaires. (Dépêche du Ministre des travaux publics au Ministre de la guerre, du 9 janvier 1895.)

ÉTAT B.

PERSONNEL ressortissant au département de la guerre qui doit être admis, dans certaines circonstances déterminées, au bénéfice de la réduction de prix stipulée par les cahiers des charges de chemins de fer.

DÉSIGNATION des CORPS.	OFFICIERS SUPÉRIEURS et ASSIMILÉS.	OFFICIERS depuis LE GRADE DE CAPITAINE et assimilés.	ADJUDANTS, SOUS-OFFICIERS, CAPORAUX, soldats et agents assimilés.
EN CAS DE MOBILISATION, D'APPEL A L'ACTIVITÉ, DE CONVOCATION POUR MANOEUVRES, EXERCICES OU REVUES.			
Réserve de l'armée active, armée territoriale et sa réserve	Colonel, lieutenant-colonel, chef de bataillon, d'escadron ou major. Employés militaires et fonctionnaires assimilés.	Capitaine, lieutenant et sous-lieutenant. Employés militaires et fonctionnaires assimilés.	Sous-officier, caporal, brigadier, tambour, clairon et soldat. Médecins et pharmaciens auxiliaires. Employés militaires et fonctionnaires assimilés.
Corps militaire de douanes.........	Chef de bataillon commandant un bataillon.	Capitaine et lieutenant.	Sous-officier, caporal, tambour, clairon et douanier.
Corps des chasseurs forestiers.	. . . .	Capitaine et lieutenant.	Sous-officier, caporal, clairon et chasseur.
Service militaire des chemins de fer....	Directeurs et chefs de service des directions et des sections techniques.	Sous-chefs de service et employés principaux. Employés.	Agents secondaires. Ouvriers.
Télégraphie militaire.	Directeur. Sous-directeur.	Chef de section. Chef de poste.	Télégraphiste. Ouvrier.
Service de la trésorerie et des postes..	Payeur général. Payeur principal. Payeur particulier.	Payeur adjoint. Commis de trésorerie.	Gardien de caisse. Employé de bureau.

NOTA. — Sont également transportés au tarif militaire ·

1º En cas d'appel devant les commissions spéciales de réforme : Hommes de la réserve de l'armée active ou de l'armée territoriale ;

2º En cas de guerre seulement : Corps spéciaux formés en vertu de décrets. conformément à l'article 8 de la loi du 24 juillet 1878, tels que sergents de ville, corps de volontaires autorisés, etc.

ÉTAT C.

PERSONNEL ressortissant au département de la Marine qui doit être admis, sur les chemins de fer, au bénéfice de la réduction de prix stipulée par les cahiers des charges.

LE MINISTRE DE LA MARINE ET SON ÉTAT-MAJOR.

DÉSIGNATION des CORPS.	OFFICIERS GÉNÉRAUX, OFFICIERS SUPÉRIEURS et assimilés.	OFFICIERS depuis LE GRADE DE CAPITAINE ou de lieutenant de vaisseau et assimilés.	EMPLOYÉS MILITAIRES, OFFICIERS-MARINIERS, sous-officiers, marins, soldats et agents assimilés.
Corps de la Marine..	Amiral. Vice-amiral. Contre-amiral. Capitaine de vaisseau. Capitaine de frégate.	Lieutenant de vaisseau. Enseigne de vaisseau. Aspirant. Elève de l'Ecole navale.	
Mécaniciens de la flotte............	Mécanicien inspecteur général. Mécanicien inspecteur. Mécanicien en chef.	Mécanicien principal.	
Génie maritime.....	Inspecteur général. Directeur des constructions navales. Ingénieur.	Sous-ingénieur. Elève.	
Ingénieurs hydrographes............	Ingénieur en chef. Ingénieur.	Sous-ingénieur. Elève.	
Commissariat de la Marine.........	Commissaire général. Commissaire. Commissaire adjoint.	Sous-commissaire. Aide-commissaire. Elève-commissaire.	
Agents du commissariat de la Marine .	Agent principal.	Agent.	Commis de 4e classe.
Inspection des services administratifs de la Marine.....	Inspecteur en chef. Inspecteur. Inspecteur adjoint.	Sous-agent. Commis principal. Commis de 1re, 2e et 3e classe.	
Personnel administratif des directions de travaux.......	Agent administratif principal.	Agent administratif. Sous-agent administratif. Commis principal. Commis de 1re, 2e et 3e classe.	Commis de 4e classe.
Personnel des comptables des matières .	Agent comptable principal.	Agent comptable. Sous-agent comptable Commis et magasinier principal. Commis et magasinier de 1re, 2e et 3e classe.	Commis de 4e classe. Magasinier de 4e classe.

DÉSIGNATION des CORPS.	OFFICIERS GÉNÉRAUX, OFFICIERS SUPÉRIEURS et assimilés.	OFFICIERS depuis LE GRADE DE CAPITAINE ou de lieutenant de vaisseau et assimilés.	EMPLOYÉS MILITAIRES, OFFICIERS-MARINIERS, sous-officiers, marins, soldats et agents assimilés.
Service des manutentions de la Marine.	Agent de manutention principal.	Agent de manutention. Sous-agent de manutention.	
Corps de santé de la Marine.........	Directeur du service de santé. Médecin et pharmacien en chef. Médecin et pharmacien principal.	Médecin et pharmacien de 1re classe. Médecin et pharmacien de 2o classe. Médecin et pharmacien auxiliaire de 2e classe. Aide-médecin. Elève de l'Ecole du service de santé de la Marine.	
Tribunaux maritimes et conseils de guerre.............	Commissaire rapporteur. Commissaire du Gouvernement.	Rapporteur. Greffier. Commis greffier.	
Aumônerie de la Marine...........	....	Aumônier.	
Ecole navale........	Professeur de 1re classe.	Professeur de 2e et 3e classe.	
Ecole d'hydrographie.	Examinateur. Professeur de 1re classe.	Professeur de 2e classe.	
Trésoriers des Invalides..........	Trésorier général. Trésorier de 1re classe.	Trésorier de 2o et 3e cl.	
Equipages de la flotte.	....	Chef de musique des dépôts. Adjudant principal de toute catégorie. Pilote-major.	Premier-maître, maître, second-maître, quartier-maître de toute spécialité, pilote breveté, pilote côtier ; élève mécanicien, ouvrier mécanicien, matelot, novice, apprenti-marin, mousse et pupille ; sous-chef de musique des dépôts, élève-musicien.
Marins vétérans.....	....	....	Premier-maître, maître, second-maître, quartier-maître, matelot et ouvrier. } Vétéran ou mécanicien vétéran.
Pompiers de la Marine........	....	....	Chef pompier, maître pompier, sergent pompier, caporal pompier, pompier ordinaire.

DÉSIGNATION des CORPS.	OFFICIÉRS GÉNÉRAUX, OFFICIERS SUPÉRIEURS et assimilés.	OFFICIERS depuis LE GRADE DE CAPITAINE ou de lieutenant de vaisseau et assimilés.	EMPLOYÉS MILITAIRES, OFFICIERS-MARINIERS, sous-officiers, marins, soldats et agents assimilés.
Troupes de la Marine (gendarmerie, artillerie, infanterie)..	Général de division. Général de brigade. Colonel. Lieutenant-colonel.	Capitaine. Lieutenant. Sous-lieutenant. Chef de musique.	Sous-officier, chef et sous-chef artificier, caporal ou brigadier, gendarme maritime, soldat, trompette, clairon, enfant de troupe, cantinière, vivandière et blanchisseuse commissionnées.
	Chef de bataillon ou d'escadron et major.	Vétérinaire. Aide-vétérinaire.	Maître ouvrier. Sous-chef de musique, chef et sous-chef de fanfare.
Employés de l'artillerie de la Marine..	. . . .	Garde principal d'artillerie. Garde d'artillerie. Garde auxiliaire.	Gardien de batterie, garde stagiaire.
Armuriers de la Marine	. . . .	. . . .	Chef armurier, maître armurier, second-maître armurier, quartier-maître armurier, ouvrier armurier.
Agents de surveillance des arsenaux et prisons maritimes	. . . .	. . . .	Garde-consigne-major. Garde-consigne. Garde-consigne ambulant. Surveillant principal. Surveillant chef de travaux. Surveillant.
Divers	Officiers généraux en disponibilité ou en réserve.	. . . .	Marins en disponibilité.
	Officiers généraux, supérieurs et assimilés en non-activité. (NOTA. — Les officiers en retraite ne sont pas compris.)	Officiers et assimilés en non-activité. (NOTA. — Les officiers en retraite ne sont pas compris.)	Marins ou militaires en congé renouvelable, lorsqu'ils se rendent dans leurs foyers, lorsqu'ils sont rappelés ou qu'ils voyagent en vertu d'un ordre de service.

RÉSERVE DE L'ARMÉE DE MER.

Officiers et assimilés se rendant à des réunions d'instruction ou allant faire un stage.

Officiers et assimilés, marins, militaires et assimilés, en cas de mobilisation et d'appel pour exercices ou revues.

Marins, militaires et assimilés, en cas de convocation devant les commissions de réforme.

ÉTAT D.

PERSONNEL ressortissant au département des Colonies qui doit être admis, sur les chemins de fer, au bénéfice de la réduction de prix stipulée par les cahiers des charges.

DÉSIGNATION des CORPS.	OFFICIERS GÉNÉRAUX, OFFICIERS SUPÉRIEURS et assimilés.	OFFICIERS depuis LE GRADE DE CAPITAINE ou de lieutenant de vaisseau et assimilés.	EMPLOYÉS MILITAIRES, OFFICIERS-MARINIERS, sous-officiers, marins, soldats et agents assimilés.
Corps du commissariat colonial......	Commissaire général. Commissaire. Commissaire adjoint.	Sous-commissaire. Aide-commissaire. Agent principal. Agent. Sous-agent. Commis de 1re, 2e et 3e classe.	
Inspection des colonies (1)..........	Inspecteur général de 1re et de 2e classe. Inspecteur de 1re et de 2e classe.		
Corps de santé des colonies.........	Médecin inspecteur de 1re et de 2e classe. Médecin ou pharmacien chef de 1re et de 2e classe. Médecin ou pharmacien principal.	Médecin ou pharmacien de 1re et de 2e classe.	
Corps des infirmiers coloniaux........	....	....	Infirmier et chef de 1re et de 2e classe. Infirmier-major de 1re et de 2e classe. Infirmier ordinaire de 1re et de 2e classe.
Corps des comptables.	....	Garde-magasin principal.	Garde-magasin de 1re, 2e et 3e classe. Magasinier de 1re, 2e, 3e et 4e classe.
Corps militaire des surveillants des établissements pénitentiaires........	....	Surveillant principal...	Surveillant chef de 1re et de 2e classe. Surveillant de 1re, 2e et 3e classe.

(1) Ont seuls droit, en raison de leur grade militaire, au bénéfice de la réduction du prix des places, les inspecteurs généraux et inspecteurs des colonies provenant, à la formation du corps, de l'inspection des services administratifs et financiers de la Marine et des colonies.

ÉTAT E.

Nombre de chevaux dont les officiers, assimilés et employés militaires de tous grades peuvent être pourvus sur le pied de paix et sur le pied de guerre.

DÉSIGNATION DES GRADES ET EMPLOIS.	NOMBRE DE CHEVAUX		OBSERVATIONS.
	sur le pied de paix.	en Algérie et sur le pied de guerre.	
ÉTATS-MAJORS.			Les officiers attachés à la personne du Président de la République peuvent avoir un cheval en sus du nombre fixé par le présent état pour les officiers de leur grade. (Décision ministérielle du 1er avril 1876.)
État-major général (A). Maréchal de France	8	10	
Général de division	6	6	
Général de brigade	4	4	
Service d'état-major. Colonel et lieutenant-colonel	3	3	Le Ministre de la guerre ou les généraux commandant les corps d'armée qui ont reçu délégation à cet effet peuvent autoriser les officiers énumérés au présent état à posséder réglementairement sur le pied de paix un cheval en sus du nombre qui leur est affecté.
Chef d'escadron	2	3	
Capitaine (B)	2	3	
Lieutenant (B)	2	2	
Intendance militaire. Intendant général	4	6	
Intendant militaire	3	4	
Sous-intendant militaire de 1re et 2e cl.	2	3	
Sous-intendant militaire de 3e classe	1	2	
Adjoint à l'intendance	1	2	
État-major des places transitoirement. Chef de bataillon	»	2	Ce cheval est taxé au tarif militaire lorsque le transport a lieu aux frais de l'Etat en vertu d'un bon de chemin de fer énonçant que l'officier est déplacé pour raison de service.
Capitaine	»	1	
État-major particulier de l'artillerie. Colonel	3	3	
Lieutenant-colonel	2	3	
Chef d'escadron	2	2	
Capitaine (C)	1	2	Les officiers et assimilés en disponibilité n'ont plus droit, après les six premiers moi , qu'à la moitié du nombre de chevaux qui leur étaient attribués sur le pied d'activité ; ceux qui n'ont droit qu'à un cheval dans la position de présence conservent le même droit, après six mois passés dans la dis-
Garde principal	»	1	
Garde	»	1	
État-major particulier du génie (D). Colonel	3	3	
Lieutenant-colonel	2	2	
Chef de bataillon	2	2	
Capitaine	1	2	
Lieutenant	1	1	
Adjoint	»	1	

(A) Le Ministre de la guerre a droit à dix chevaux. (Décision ministérielle du 18 avril 1873.)
Le gouverneur militaire de Paris a droit à douze chevaux. (Décision ministérielle du 24 juin 1873.)
Le gouverneur militaire de Lyon a droit à dix chevaux. (Décision ministérielle du 12 août 1871.)

(B) Les capitaines des troupes à pied, les lieutenants, sous-lieutenants de toutes armes, employés comme aides de camp ou officiers d'ordonnance n'ont droit qu'à un cheval, sur le pied de paix. (Décision présidentielle du 15 septembre 1884.) Toutefois, les capitaines de troupes à pied et les lieutenants de toutes armes détachés à l'état-major particulier du Ministre ont droit à deux montures. (Décision présidentielle du 21 septembre 1891.)

(C) Ont droit à deux chevaux sur le pied de paix : les capitaines d'artillerie remplissant les fonctions d'aides de camp au ministère ; employés à l'Ecole d'application et dans les commissions d'expériences ; instructeurs à l'Ecole des sous-officiers ou adjoints aux directeurs de Vincennes et de Versailles.

(D) Les officiers employés dans les places fortes où l'on exécute les travaux d défense peuvent avoir pendant la durée des travaux un cheval en sus du nombre indiqué pour le pied de paix. (Circulaire du 6 septembre 1875.)

| DÉSIGNATION DES GRADES ET EMPLOIS. | NOMBRE DE CHEVAUX | | OBSERVATIONS. |
	sur le pied de paix.	en Algérie et sur le pied de guerre.	
CORPS DE TROUPE.			
Colonel et lieutenant-colonel — d'infanterie	2	2	ponibilité ; ceux qui avaient trois chevaux peuvent en conserver deux. (Circulaire du 29 septembre 1873.)
de cavalerie	3	3	Les officiers passant d'une situation montée à une position non montée ou à une position qui leur donne droit à un nombre de chevaux inférieur à celui que comportait la situation qu'ils quittent peuvent conserver pendant un mois, délai maximum, le nombre de chevaux dont ils étaient pourvus au moment de leur mutation. (Application de l'article 266 du règlement du 8 juin 1885.)
d'artillerie. { Colonel	3	3	
{ Lieutenant-colonel	2	3	
du génie	2	2	
du train des équipages militaires	2	2	
de gendarmerie (y compris la garde républicaine)	2	2	
de gendarmerie, remplissant les fonctions de grand prévôt d'armée	»	3	
de sapeurs-pompiers (Paris)	2	2	
Chef de bataillon ou d'escadron — d'infanterie breveté	2(A)	2	
d'infanterie	1	2	
de cavalerie	2	2	
d'artillerie	2	2	
du génie breveté	2(A)	2	
du génie	1	2	
du train des équipages militaires	2	2	
de gendarmerie (y compris la cavalerie de la garde républicaine)	2(B)	2	
de la garde républicaine (infanterie)	»	2	
de gendarmerie (prévôt de corps d'armée)	1	3	
de sapeurs-pompiers (Paris)	1	1	
Major — de cavalerie	2	2	
d'artillerie	2	2	
de toutes les autres armes	1	1	
Capitaine — d'infanterie (à l'exception du trésorier et du capitaine d'habillement)	1	1	
du génie (à l'exception du trésorier et du capitaine d'habillement)	1	1	
de cavalerie	2	2	
d'artillerie (c)	2(c)(D)	2	
d'une compagnie d'ouvriers d'artillerie	»	1	
d'une compagnie de sapeurs-conducteurs du génie	1(D)	2	
major du train des équipages militaires	1	1	
d'une compagnie du train des équipages militaires	1(D)	2	
de gendarmerie aux armées	»	3	
de gendarmerie et de la garde républicaine	1	1	
trésorier et d'habillement des armes à cheval	1	1	
adjudant-major, ingénieurs et instructeurs des sapeurs-pompiers de Paris	1	1	

(A) Circulaire du 26 avril 1880.

(B) Décision présidentielle du 30 avril 1878.

(c) Les capitaines détachés dans les établissements n'ont droit qu'à un cheval. (Tarif du 30 juillet 1878.)
Les capitaines des bataillons d'artillerie de forteresse n'ont droit qu'à un cheval sur le pied de paix. (Loi du 24 juillet 1883.

(D) Les capitaines d'artillerie-pontonniers n'ont droit qu'à une monture. (Décis. ministérielle du 22 janvier 1891.)

DÉSIGNATION DES GRADES ET EMPLOIS.	NOMBRE DE CHEVAUX		OBSERVATIONS.
	sur le pied de paix.	en Algérie et sur le pied de guerre.	
Lieutenant et sous-lieutenant (D) — d'infanterie (A) : adjoint au commandant d'un régiment régional et faisant fonctions d'adjudant-major	1	1	
officier payeur et d'approvisionnements (B)	»	1	
de cavalerie	1 (E)	1 (F)	
d'artillerie	1 (c)(G)	1	
d'une compagnie d'ouvriers d'artillerie	»	1	
d'une compagnie de sapeurs-conducteurs du génie	1	1	
d'une compagnie de sapeurs-mineurs du génie et d'ouvriers militaires des chemins de fer	»	1	
du train des équipages militaires	1	1	
de gendarmerie commandant d'arrondissement en Algérie	»	2	
de gendarmerie (y compris la cavalerie de la garde républicaine)	1	1	
SERVICE DE SANTÉ.			
Médecin inspecteur général	2	4	
Médecin et pharmacien inspecteur	2	3	
Médecin et pharmacien principal	1	2	
Médecin-major de 1re classe — du service hospitalier	1	1	
des régiments d'infanterie	1	2	
des régiments d'artillerie	2	2	
des régiments du génie	1	2	
des régiments de la garde républicaine	1	1	
des régiments des sapeurs-pompiers de Paris	1	1	
de formation de campagne	»	2	
Médecin-major de 2e classe — des écoles et des corps de troupe	1	2	
des sapeurs-pompiers de Paris et de la garde républicaine	1	1	
de formation de campagne	»	1	
Pharmacien-major attaché aux directions du service de santé (A)	»	1	

(A) Les lieutenants d'infanterie âgés de 50 ans ont droit à un cheval en campagne. (Tarif du 30 juillet 1875.)

(B) Les officiers payeurs des corps de troupe d'infanterie sont montés aux manœuvres comme en campagne (Décision ministérielle du 15 avril 1884.)

(c) Les lieutenants et sous-lieutenants des batteries de montagne en Algérie ont droit à deux montures.

(D) Les lieutenants et sous-lieutenants du génie instructeurs à l'Ecole des sous-officiers de l'artillerie et du génie ont droit à un cheval. (Décision ministérielle du 9 avril 1884.)

Les lieutenants et sous-lieutenants du génie détachés avec leur troupe pour les travaux de défense peuvent, par décision spéciale, recevoir un cheval en temps de paix.

(E) Les lieutenants et sous-lieutenants de cavalerie ont droit à une deuxième monture pendant la période des manœuvres. (Décision du 27 juillet 1888.)

(F) En temps de guerre, les lieutenants de cavalerie doivent être pourvus de deux montures. (Décision du 1er août 1888.)

(G) Les officiers d'artillerie allant suivre le cours spécial d'équitation à l'Ecole de Fontainebleau, ainsi que ceux détachés à l'Ecole de Saumur, ont droit à une deuxième monture. (Décision des 20 septembre 1889 et 12 septembre 1892.)

DÉSIGNATION DES GRADES ET EMPLOIS.	NOMBRE DE CHEVAUX		OBSERVATIONS.
	sur le pied de paix.	en Algérie et sur le pied de guerre.	
Médecin aide-major { des écoles et des corps de troupe (y compris les sapeurs-pompiers de Paris et la garde républicaine)............	1	1	
des diverses formations de campagne ..	»	1	
SERVICES ADMINISTRATIFS.			
Officier d'administration principal du service des subsistances militaires....	»	2	
Officier d'administration des autres grades du service des subsistances militaires..............	»	1	
Officier d'administration attaché à la direction du service de santé d'un corps d'armée mobilisé....	»	1	
SERVICE VÉTÉRINAIRE.			
Vétérinaires { principal de 1re et de 2e classe........	1	2	
en premier ou en second............	1	1	
Aide-vétérinaire...........................	1	1	
CERCLES ET BUREAUX ARABES.			
Chef de bataillon ou d'escadron................	»	2	
Capitaine, lieutenant, sous-lieutenant (de toutes armes)...........................	»	2	
INTERPRÈTES MILITAIRES.			
Interprète principal..........................	»	2	
Interprète des autres classes................	»	1	
AUMÔNIERS.			
Aumônier titulaire	»	1	
SERVICE DES REMONTES.			
Colonel ou lieutenant-colonel commandant de circonscription de remonte et directeurs des établissements hippiques en Algérie	2	2	
Chef d'escadron commandant un dépôt de remonte.	2	2	
SERVICE DE LA JUSTICE MILITAIRE (A).			

(A) L'officier commandant l'atelier de travaux publics à Bougie a droit à un cheval. (Décision ministérielle du 5 mai 1876.)

ÉTAT F.

Nombre de chevaux attribués au personnel ci-après, ressortissant au département de la guerre dans certaines circonstances déterminées.

DÉSIGNATION DES ARMES ET DES GRADES.	NOMBRE DE CHEVAUX		OBSERVATIONS.
	sur le pied de paix.	en Algérie et sur le pied de guerre.	
Réserve de l'armée active. Officiers de tous grades et de toutes armes..........................	(A)	(A)	
Armée territoriale. Officiers de tous grades et de toutes armes..........................	(A)	(A)	
Télégraphie militaire. Directeur de la télégraphie...........	1	2	
Sous-directeur	1	2	
Chef de section................	1	1	
Chef de poste......................	»	1	
Trésorerie et postes. Payeur général, payeur principal, payeur particulier, payeur adjoint chargé de desservir éventuellement les brigades de cavalerie attachées aux corps d'armée, payeur adjoint ou commis de trésorerie attaché à une division de cavalerie	»	1	
Chasseurs forestiers. Commandant de compagnie.....	1	1	
Douaniers. Chef de bataillon	1	2	
Adjudant-major (capitaine ou lieutenant)..........................	1	1	

(A) Les officiers de réserve et ceux de l'armée territoriale ont droit, en cas d'appel à l'activité ou de convocation pour des manœuvres, exercices ou revues, au nombre de chevaux déterminé par l'état E pour les officiers du même grade et de la même arme de l'armée active sur le pied de paix, et, en cas de mobilisation, au nombre de chevaux déterminé pour ces mêmes officiers (par ledit état) sur le pied de guerre.

ÉTAT G.

Nombre de chevaux dont les officiers, assimilés et employés de la Marine de tous grades peuvent être pourvus sur le pied de paix et sur le pied de guerre.

DÉSIGNATION DES GRADES ET EMPLOIS.	NOMBRE DE CHEVAUX		OBSERVATIONS.
	sur le pied de paix.	sur le pied de guerre.	
ÉTATS-MAJORS.			
Etat-major général. {Général de division...........	6	6	
{Général de brigade...............	4	4	
Service d'état-major {Colonel et lieutenant-colonel........	3	3	
{Chef d'escadron ou de bataillon.....	2	3	
{Capitaine.......................	2	3	
{Lieutenant......................	2	2	
Etat-major particulier de l'artillerie. {Colonel........................	3	3	
{Lieutenant-colonel.	2	3	
{Chef d'escadron................	2	2	
{Capitaine......................	1	2	
{Garde principal................	»	1	
{Garde.........................	»	1	
CORPS DE TROUPE.			
Colonel et lieutenant-colonel {d'infanterie....................	2	2	
{d'artillerie {Colonel..............	3	3	
{Lieutenant-colonel.....	2	3	
Chef de bataillon ou d'escadron {d'infanterie breveté...............	2	2	
{d'infanterie.....................	1	2	
{d'artillerie.....................	2	2	
{de gendarmerie..................	2	2	
Major {d'artillerie.....................	2	2	
{d'infanterie.....................	1	1	
Capitaine {d'infanterie....................	1	1	
{d'artillerie....................	2	2	
{d'une compagnie d'ouvriers d'artillerie...................	»	1	
{de gendarmerie aux armées........	»	3	
Lieutenant et sous-lieutenant {d'infanterie, officier payeur et d'approvisionnement...............	»	1	
{d'artillerie....................	1	1	
{d'une compagnie d'ouvriers d'artillerie....................	»	1	
{de gendarmerie..................	1	1	

DÉSIGNATION DES GRADES ET EMPLOIS.	NOMBRE DE CHEVAUX		OBSERVATIONS.
	sur le pied de paix.	sur le pied de guerre.	
SERVICE DE SANTÉ.			
Médecin en chef..........................	»	2	
Médecin principal	1	2	
Médecin de 1re classe......................	1	2	
Médecin de 2e classe.........................	1	1	
SERVICES ADMINISTRATIFS.			
Officier d'administration remplissant les fonctions d'officier d'approvisionnement..................	»	1	
Officier d'administration attaché à la direction du service de santé d'un corps d'armée mobilisé....	»	1	
AUMÔNIERS.			
Aumônier..................................	»	1	
SERVICE VÉTÉRINAIRE.			
Vétérinaire { principal de 1re et de 2e classe......	1	2	
Vétérinaire { en premier et en second	1	1	
Aide-vétérinaire..........................	1	1	

ÉTAT H.

Réserve de l'armée de mer.	Officiers de tous grades et de toutes armes ou services désignés au tableau G.....................	(A)	(A)	

(A) Les officiers de réserve ont droit, en cas d'appel à l'activité ou de convocation pour des manœuvres, exercices ou revues, au nombre de chevaux déterminé par l'état G pour les officiers du même grade et de la même arme de l'armée active sur le pied de paix, et, en cas de mobilisation, au nombre de chevaux déterminé pour ces mêmes officiers (par ledit état) sur le pied de guerre.

ANNEXE N° 3.

Note sur la délivrance et le retrait des cartes d'identité.

La carte d'identité n'est pas obligatoire ; elle n'est valable que pour une année, du 1er janvier au 31 décembre.

Le prix de la carte d'identité est fixé à 25 centimes.

Chaque année, avant le 1er octobre, les gouverneurs militaires, les généraux commandant les corps d'armée et le général commandant la division d'occupation de Tunisie demandent au Ministre (5e Direction, 1er Bureau) la quantité de cartes d'identité qui sera nécessaire, pour l'année suivante, dans leur commandement.

Dans chaque place, un officier ou un fonctionnaire est spécialement chargé de procéder à la distribution des cartes au personnel des corps de troupe, des services et des établissements de la place et de ses annexes, et d'en percevoir le prix.

Au reçu de sa carte, le titulaire y inscrit très lisiblement : 1° ses nom et prénoms ; 2° son grade ; 3° le corps, le service ou l'établissement auquel il appartient ; puis il y appose sa signature et sa photographie.

La photographie, tirée en noir sur épreuve non cartonnée, doit comprendre la tête et une partie du buste, et représenter l'officier en tenue civile. Elle doit remplir le cadre qui lui est réservé sans le déborder.

Toute carte incomplètement remplie, non signée, ou revêtue d'une photographie en tenue militaire, de dimensions trop exiguës ou trop grandes, ou trop épaisse pour recevoir l'empreinte d'un timbre sec, est rebutée.

La carte ne doit pas être pliée, afin de faciliter l'apposition des timbres ; le pliage est fait par l'officier lorsque la carte revient définitivement entre ses mains.

Les cartes sont ensuite remises, avec leur prix, par chaque corps de troupe, service ou établissement, à l'officier ou au fonctionnaire qui a été chargé de la distribution. Celui-ci, au moyen d'un ordre de reversement qu'il réclame au sous-intendant militaire, verse au Trésor, en une seule fois, au titre du service des convois, le montant des sommes qu'il a perçues, et qui doivent représenter autant de fois 25 centimes qu'il a été employé de cartes ; puis il fait parvenir au corps d'armée, groupés par corps, services et établissement, les cartes utilisées, en un paquet accompagné du récépissé de versement au Trésor et d'un état nominatif en triple expédition (modèle n° 1). Les cartes restées en blanc sont jointes à l'envoi dans un paquet distinct.

Aucune carte ne doit être détruite, et toutes, sans exception, doivent être renvoyées, y compris celles qui auraient subi une altération les rendant inutilisables.

Le gouverneur militaire ou le général commandant le corps d'armée, après s'être assuré que la totalité des cartes attribuées à son commandement est représentée, adresse au Ministre (5e Direction, 1er Bureau), en un seul envoi. avant le 15 novembre :

D'une part, tous les paquets de cartes utilisées ;

D'autre part, pour l'ensemble de la région, un paquet des cartes restées en blanc et un autre des cartes altérées s'il y a lieu.

L'une des expéditions des états nominatifs est renvoyée au corps d'armée avec les cartes revêtues des signatures et timbres assurant leur validité ; la seconde est conservée par le contrôle commun des compagnies de chemins de fer ; la troisième par le Ministre.

Les officiers qui font mutation postérieurement à leur inscription sur les états nominatifs sont maintenus sur ces états, et reçoivent leur carte par les soins du corps ou du service qui a procédé à leur inscription.

A partir de ces opérations, il n'est plus délivré aucune carte jusqu'à l'époque correspondante de l'année suivante, et tout officier qui ne s'est pas mis en mesure avant le 15 novembre doit se pourvoir d'une feuille de route ou d'un titre y suppléant, pour voyager, sur les voies ferrées, au tarif militaire.

Sous peine de nullité, la carte d'identité ne peut être raturée, surchargée ou altérée. Les officiers promus ou changeant d'affectation doivent donc se servir de leur carte telle qu'elle a été primitivement établie, et s'abstenir de la modifier.

Toute carte trouvée en d'autres mains qu'en celles de l'ayant droit est retirée et annulée, sans préjudice des poursuites judiciaires à exercer, tant contre le porteur que contre le titulaire, s'il y a lieu.

L'officier qui perd sa carte doit en aviser immédiatement et directement le chef de la gare desservant sa résidence (à Paris, le chef du contrôle commun aux sept grands réseaux français, 21, rue de Londres) ; il en informe également son supérieur hiérarchique. S'il n'a pas donné ces avis, il est responsable des conséquences de la perte au point de vue de l'usage frauduleux qui peut être fait de la carte égarée. Dans tous les cas, cette carte n'est pas remplacée.

Dans la première quinzaine du mois de janvier, chaque corps de troupe, service ou établissement, dresse, en double expédition, un état nominatif (modèle n° 2) de tous les officiers, assimilés, etc., inscrits sur ses contrôles, qui ont reçu une carte d'identité au titre de l'année précédente. En regard du nom de ceux qui ne sont plus en possession de leur carte doit être indiqué le motif pour lequel la carte ne peut être restituée. Les deux expéditions de l'état et les cartes périmées sont placées sous une enveloppe portant l'indication du corps, du service ou de l'établissement, et adressées au corps d'armée, qui fait parvenir le tout au Ministre (5e Direction, 1er Bureau), en un seul envoi, avant le 1er février.

Le titulaire d'une carte d'identité qui cesse d'être en activité de service pour une cause quelconque : retraite, démission, mise en non-activité, réforme, etc., doit immédiatement remettre sa carte à son chef de corps ou de service, qui la fait parvenir au Ministre avec un état nominatif en double expédition (modèle n° 2). Les chefs de corps ou de service réclament, dans le même but, la carte des officiers décédés.

Les compagnies de chemins de fer, qui reprennent les cartes périmées, ne s'opposent pas à ce que la photographie en soit préalablement détachée, à la condition que leur visa reste adhérent à la partie gauche de la carte. Par suite, les officiers qui désirent conserver leur photographie doivent, soit la décoller avec soin, soit la découper suivant les contours du cadre qui lui est réservé. Toutefois, cette photographie, qui a déjà reçu l'empreinte du timbre sec des compagnies, ne peut être utilisée sur une nouvelle carte.

Les gouverneurs militaires de Paris et de Lyon, les généraux commandant les corps d'armée et le général commandant la division d'occupation de Tunisie ont à donner les instructions de détail que comportent ces dispositions, et qui doivent avoir principalement pour objet d'éviter le détournement des cartes ; ils veillent à ce que les officiers généraux et assimilés en disponibilité ou du cadre de réserve, qui résident sur le territoire de leur commandement, soient, s'ils le désirent, pourvus d'une carte d'identité et à ce que cette carte leur soit retirée dans les conditions indiquées par la présente note.

Les officiers et assimilés attachés au ministère de la guerre et aux comités et sections techniques sont pourvus de cartes d'identité par les soins de l'administration centrale.

ANNEXE N° 4.

Traité passé avec les compagnies de chemins de fer pour le transport des chevaux et mulets de l'armée.

(14 octobre 1890.)

Entre le Ministre, secrétaire d'Etat au département de la guerre, stipulant pour l'Etat, d'une part;

Et les compagnies de chemins de fer ci-après désignées, d'autre part;

Il a été convenu ce qui suit :

Vu les arrêts du Conseil d'Etat des 15 mars 1880, 2 mars 1888 et 28 février 1890;

Considérant que, pour bénéficier du prix réduit, l'administration de la guerre doit, aux termes de ces trois arrêts, faire accompagner chaque cheval de remonte par un cavalier, et spécialement les chevaux de trait de l'artillerie, du génie, du train d'artillerie, du train des équipages et des pontonniers, à raison d'un conducteur pour deux chevaux, mais à la condition de justifier que ce conducteur est bien celui auquel les deux chevaux qu'il accompagne sont réglementairement affectés dans le service, condition dont la justification est difficilement réalisable;

Considérant que l'Etat a intérêt à s'entendre avec les compagnies pour s'exonérer de l'obligation de faire accompagner les chevaux de troupe dans les conditions ci-dessus déterminées; que cette obligation peut créer, en effet, des difficultés aux commandants de dépôts et aux chefs de corps;

Désirant concilier les intérêts de l'Etat avec les stipulations de l'article 54 du cahier des charges des chemins de fer, les parties contractantes ont adopté, d'un commun accord, les dispositions suivantes :

ARTICLE Ier.

Définition des chevaux ou mulets de remonte.

§ 1. Sont considérés comme chevaux ou mulets de remonte, au point de vue du transport :

1° Les chevaux ou mulets transportés des lieux d'achat dans un dépôt de remonte ou de transition;

2° Ceux qui sont transportés directement des lieux d'achat aux corps de troupe destinataires;

3° Ceux qui sont transportés des dépôts de remonte ou de transition aux corps de troupe, qu'ils aient été ou non immatriculés dans ces corps, antérieurement au transport;

4º Ceux qui sont versés d'un corps dans un autre, à l'exception des versements d'unités ou de détachements constitués (hommes et chevaux) (1).

§ 2. Ne sont pas considérés comme chevaux de remonte les chevaux que des établissements (dépôts de remonte ou de transition) ou des corps de troupe ont livrés à des officiers et que ces derniers emmènent ou font emmener à leur destination, avec pièces de transport désignant le nom et le grade de l'officier (2).

ARTICLE II.

Effectif nécessaire pour la conduite des chevaux ou mulets de remonte de toutes armes.

L'administration de la guerre a la faculté de réduire le personnel de conduite des chevaux ou mulets de remonte de toutes armes à un seul homme pour deux, trois ou quatre chevaux transportés.

ARTICLE III.

Tarif applicable au transport des chevaux de remonte.

Lorsque l'administration de la guerre fera usage de la faculté stipulée à l'article précédent, les compagnies de chemins de fer appliqueront le tarif réduit fixé par l'article 54 du cahier des charges à l'ensemble des chevaux transportés et aux conducteurs effectivement présents; mais il sera alloué aux compagnies, pour chaque cheval non accompagné, une indemnité représentant le transport, au tarif militaire, d'un cavalier, aller et retour.

Dans les cas prévus au présent article, les pièces d'exécution du transport (bons de chemin de fer) porteront la mention : « Chevaux de remonte », certifiée par l'autorité ayant qualité pour délivrer ladite pièce.

ARTICLE IV.

Tarif applicable aux autres chevaux de l'armée. — Effectif nécessaire
pour la conduite de ces chevaux.

Les autres chevaux de l'armée seront transportés au tarif militaire dans les conditions d'accompagnement déterminées ci-après :

---

(1) Ne sont pas considérés comme versés d'un corps dans un autre les animaux qui sont seulement l'objet d'un prêt et ne doivent pas être immatriculés au corps qui ne les reçoit que temporairement. Exemple : les chevaux et mulets prêtés par un corps à un autre corps pour les manœuvres Ces animaux doivent, en conséquence, être accompagnés conformément au paragraphe 2 de l'article 4.

(2) L'affectation personnelle du cheval, ou, selon le cas, la propriété acquise à l'officier, date du jour de la livraison par l'établissement ou le corps, et préexiste, en conséquence, au transport du cheval sur sa destination.

§ 1. — *Chevaux d'officiers, nominativement affectés à des officiers.*

Les chevaux nominativement affectés à un officier seront accompagnés, soit de l'officier lui-même, soit d'une ordonnance, pour un nombre de chevaux égal à celui qui est attribué à cet officier par l'état C, annexé à l'arrêté ministériel du 14 septembre 1888 (1).

§ 2. — *Chevaux de troupe, déjà immatriculés, en cas de déplacement total ou partiel du corps auquel ils appartiennent ou en cas de versement d'un corps à l'autre, d'unités ou de détachements constitués.*

1º *Chevaux de selle.* — Les chevaux de selle de toutes armes seront accompagnés individuellement, à raison d'un militaire par cheval.

2º *Chevaux ou mulets de trait.* — Les chevaux ou mulets de trait de toutes armes seront accompagnés à raison d'un militaire conducteur pour deux chevaux ou mulets.

Toutefois, les chevaux ou mulets d'attelage des voitures à deux roues seront accompagnés individuellement.

§ 3. — *Chevaux ou mulets loués ou réquisitionnés.*

Les chevaux ou mulets loués ou réquisitionnés en temps de manœuvres, pour servir temporairement aux attelages, seront accompagnés dans les mêmes conditions que les chevaux immatriculés.

Le bénéfice du tarif militaire n'est acquis à ces chevaux ou mulets que pour les transports effectués pendant la durée des manœuvres, c'est-à-dire depuis le jour de la remise des chevaux à l'autorité militaire jusqu'au jour de leur restitution aux propriétaires.

§ 4. — *Pièces d'exécution du transport.*

Dans les cas prévus au présent article, les pièces d'exécution du transport (bons de chemin de fer) désigneront, distinctement, la catégorie à laquelle chaque transport appartiendra (chevaux d'officier, chevaux de selle, chevaux de trait, chevaux de voiture à deux roues).

---

(1) Actuellement, états E et F annexés à l'arrêté du Ministre des travaux publics du 2 juin 1894. Les chevaux d'un officier accompagnés par un domestique civil ne seraient pas admis au tarif militaire.]

Article V.

Les parties contractantes relatent ici que la présente convention n'a ni pour but, ni pour effet d'accroître en faveur des compagnies les sources de revenus à provenir de l'exécution des transports, cette convention n'étant au point de vue des tarifs que l'application des arrêts du Conseil d'Etat relativement à l'article 54 du cahier des charges de concession des compagnies, et réglant seulement les modes d'exécution au mieux des intérêts réciproques.

Article VI.

Le présent traité n'a pas de durée limitée, chacune des parties demeurant libre de le dénoncer en prévenant l'autre un an à l'avance.

Pour la Compagnie du chemin de fer du Nord :
Signé : A. DE ROTHSCHILD.

Pour la Compagnie de Paris-Lyon-Méditerranée :
Signé : MALLET.

Pour la Compagnie de l'Ouest :
Signé : E. BLUNT.

Pour la Compagnie de l'Est :
Signé : VAN BLARENBERG.

Pour la Compagnie d'Orléans :
Signé : A. LACROIX SAINT-PIERRE.

Pour la Compagnie du Midi :
Signé : Léon AUCOC.

Approuvé :

Paris, le 14 octobre 1890.

Le Président du Conseil, Ministre de la guerre,

Signé : C. DE FREYCINET.

° CORPS D'ARMÉE.

—

PLACE

d

Instruction ministérielle
du 26 janvier 1895.

—

MODÈLE N° 1.

A établir en triple
expédition.

*ÉTAT nominatif des officiers et assimilés qui ont demandé
une carte d'identité pour 189   .*

(Le personnel doit être groupé par corps, service et établissement.)

NUMÉRO DE LA CARTE.	NOM ET PRÉNOMS.	GRADE et AFFECTATION.	OBSERVATIONS.

A   , le   189 .

(1)

(1) Signature de l'officier ou du
fonctionnaire chargé de la distribution des cartes.

° 'CORPS D'ARMÉE.

—

'PLACE

'd

Corps, service {
ou
établissement. {

Instruction ministérielle
du 26 janvier 1895.

MODÉLE N° 2.

A établir en double
expédition,

RETRAIT DES CARTES D'IDENTITÉ.

*ETAT nominatif des officiers inscrits aux contrôles du corps
ou du service, qui ont reçu une carte d'identité pour 189 .*

(Lorsque le présent état concerne des officiers ou assimilés rayés des cadres, le motif
de la radiation doit étre indiqué dans la colonne d'observations.)

NUMÉRO DE LA CARTE.	NOM ET PRÉNOMS.	GRADE et AFFECTATION.	OBSERVATIONS.

A   , le   189 .

Le Chef de corps ou de service,

<table>
<tr><td>MINISTÈRE
DE LA GUERRE

(1) Nom et prénoms.
(2) Localité de la réunion.
(3) Date de la réunion.
(4) Heure de la réunion.</td><td>GRATIFICATION

DE RÉFORME RENOUVELABLE.</td><td>Instruction ministérielle
du 26 janvier 1895.

MODÈLE N° 3.

N° 126
de la nomenclature.</td></tr>
</table>

ORDRE DE CONVOCATION.

Le nommé (1)
domicilié à
titulaire d'une gratification renouvelable, est prévenu que la Commission appelée à
se prononcer sur son maintien ou son élimination se réunira à (2)
le (3) à (4) heure .
Il est invité à se présenter devant la Commission, à l'heure et au lieu indiqués,
porteur de toutes ses pièces militaires.

La présente convocation donnera droit au transport :
    Au quart du tarif sur le réseau de l'État,
    et **Au demi-tarif** sur tous les autres réseaux (sous la condition que le titu-
laire se conformera aux formalités mentionnées dans le cadre ci-dessous).

Cet ordre sera valable, pour l'aller, la veille et le jour de la séance de la Commission, et, pour le retour, jusqu'au lendemain du jour de ladite séance, inclusivement.

            A   , le   189 .

NOTA. — Prière à M. Maire de faire remettre d'urgence la présente convocation à l'inté-
ressé.

<table>
<tr><td colspan="3" align="center">VISA</td><td rowspan="2">Pour bénéficier de la réduc-
tion de prix, le porteur devra
faire remplir ci-contre :
1° En partant, la case A;
2° Au lieu de réunion de la
Commission, la case B;
3° Au retour, la case C.</td></tr>
<tr><td>DE LA
GARE DE DÉPART.
—
Aller.</td><td>DU PRÉSIDENT
de
la Commission.</td><td>DE LA
GARE DE DÉPART.
—
Retour.</td></tr>
<tr><td>A

Billet de

classe

Prix

Timbre à date :</td><td>B

Le Président de la
Commission soussigné
certifie que le porteur
du présent ordre s'est
présenté devant la
Commission de ré-
forme.</td><td>C

Timbre à date :</td><td>Au départ, le titulaire doit
prendre et payer : *sur le ré-
seau de l'État,* une demi-place;
et *sur les autres réseaux,* place
entière.

Au retour, il n'a rien à
payer, mais il doit voyager dans
la même classe de voitures qu'à
l'aller; l'ordre de convocation,
revêtu des trois visas, tiendra
lieu de billet de retour. Il doit
être remis comme tel à la gare
d'arrivée.</td></tr>
</table>

° CORPS D'ARMÉE.

° DIVISION.

PLACE d

N°
du registre de route.

Instruction ministérielle
du 26 janvier 1895.

MODÈLE N° 4.

N° 127 A
de la nomenclature.

BON SPÉCIAL DE CHEMIN DE FER [1]

pour le transport, à demi-tarif *aux frais de l'État,* des anciens militaires ou marins et assimilés *de la Garde mobile, de la Garde nationale et des Corps auxiliaires, dont les blessures ou les infirmités nécessitent l'emploi des eaux.*

(Loi du 12 juillet 1873.)

(1) Le bon spécial doit être remis en simple expédition, le jour du départ, au chef de gare. Ce bon est, avec un relevé en double expédition, la seule pièce comptable à produire à l'appui de la facture.

(2) Indiquer la classe (2e classe pour les officiers, 3e classe pour les sous-officiers et soldats).

(3) Indiquer les nom, prénoms et grade du militaire et le corps auquel il a appartenu.

(4) Dans le cas où une classe supérieure est accordée, le signataire du bon doit indiquer en vertu de quelle autorisation.

La Compagnie du chemin de fer d

est priée de transporter en (2)   ° classe, à la moitié du prix de son tarif général, d   à
le nommé (3)

transporté et hospitalisé aux eaux thermales d

aux frais de l'État, en vertu de l'autorisation ministérielle du

A   , le   189 .

Le Sous-Intendant militaire (4),

TIMBRE
DE LA GARE DE DÉPART
ou de changement
de réseau.

Je soussigné   désigné ci-dessus,
certifie qu'il m'a été remis par la Compaguie d

un titre de transport pour
le parcours d
à

A   , le   189 .

Instruction ministérielle
du 26 janvier 1895.

—

MODÈLE N° 5.

PLACE

D

—

(Corps ou service.)

NOTA. — Une demande distincte est indispensable pour chacun des réseaux sur lesquels le voyage doit s'effectuer.

(1) Grade, nom et affectation.

(2) Indiquer les points extrêmes du trajet à parcourir sur le réseau.

(3) Nombre de personnes et qualité de chacune d'elles. Indiquer l'âge des enfants.

(4) Expliquer, s'il y a lieu, les motifs pour lesquels le point de départ ou de destination n'est pas le même pour la famille que pour le militaire.

(5) Signature.

(6) Grade, signature et timbre du chef hiérarchique local.

RÉSEAU D

—

Le (1)

en résidence à

désigné par décision du

pour occuper un emploi de son grade à

demande une réduction de tarif pour le transport
en   ° classe de (2)

à (2)   de sa famille composée
de (3)

(4)

A   , le   189

(5)

Vu et TRANSMIS :

A   , le   189 .

(6)

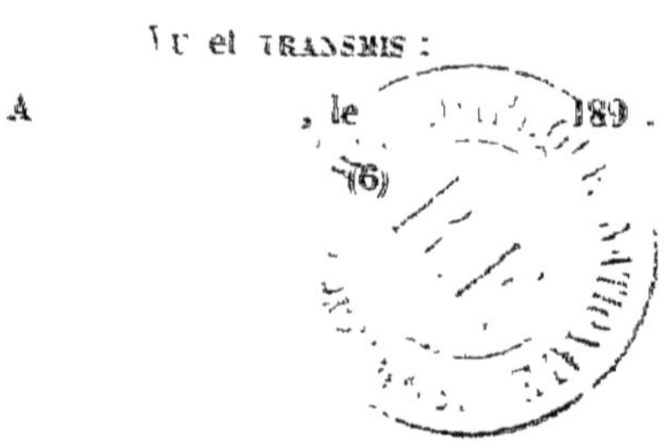

TABLE DES MATIÈRES.

PARIS. — IMPRIMERIE L. BAUDOIN, RUE CHRISTINE, 2.